쏙쏙
한국어 어휘왕
TOPIK II 중급

만 점 다지기 1800제

단어 사전 문제집
WORKBOOK

시대에듀

한국어를 공부하는 여러분에게

> "
> 나는 배웠다.
> 어떤 일이 일어나도
> 그것이 오늘 아무리 안 좋아 보여도
> 삶은 계속된다는 것을.
> 내일이면 더 나아진다는 것을.
> "

이것은 마야 안젤루 시인이 쓴 '나는 배웠다'라는 시의 한 부분입니다.
여러분은 이 글을 읽고 내용을 다 이해하셨나요? 혹시 모르는 단어는 없었나요?
만약 모르는 단어가 있다면 이 책으로 공부해 보세요!

「쏙쏙 한국어 어휘왕 – TOPIK Ⅱ 중급 단어 사전 문제집」은 다양한 퀴즈를 풀면서 중급 수준의 한국어 단어를 공부할 수 있게 만들어졌습니다.

❶ 한국어 원어민이 읽어 주는 단어 MP3를 들으며, 쓰기 연습을 할 수 있어요.
❷ 다양한 유형의 그림 퀴즈와 문장 문제를 풀면서 자연스럽게 단어를 암기할 수 있어요.

무엇보다도 공부는 매일 규칙적으로 하는 것이 중요합니다. 매일 새로운 단어를 공부하기 전에, 전날 공부한 단어 중 잊은 것이 없는지 가벼운 마음으로 확인하고 반복해서 보는 것이 좋습니다.

그러면 알려 드린 시는 물론, 여러분이 좋아하는 모든 글을 쉽게 읽을 수 있을 거예요.
오늘보다 내일, 더 많은 단어가 여러분의 머릿속에 들어와 있을 테니까요.
여러분이 공부하는 동안, 항상 응원하고 있겠습니다. 파이팅!

「쏙쏙 한국어 어휘왕」 집필진 일동

P.S. 시리즈 도서인 단어 사전(TEXTBOOK)에는 어휘에 대한 많은 정보가 있답니다.
예문과 함께 유의어, 반의어, 문장의 형식을 공부하고 나면 단어를 더 오래 기억할 수 있을 거예요!

TOPIK 시험 소개

TOPIK은 Test Of Proficiency in Korean의 약자로 재외동포 및 외국인에게 한국어 학습의 방향을 제시하고 한국어 보급을 확대하고자 하는 시험입니다. 나아가 그들의 한국어 사용 능력을 측정·평가한 결과는 국내 대학 유학 및 한국 기업체 취업 등에 활용됩니다.

문항 구성

수준	TOPIK I		TOPIK II		
영역(시간)	듣기(40분)	읽기(60분)	듣기(60분)	쓰기(50분)	읽기(70분)
문제 유형과 문항 수	객관식 30문항	객관식 40문항	객관식 50문항	주관식 4문항	객관식 50문항
만점	100점	100점	100점	100점	100점
총점	200점		300점		

등급별 평가 기준

수준	TOPIK I		TOPIK II			
등급	1급	2급	3급	4급	5급	6급
기준	80점 이상	140점 이상	120점 이상	150점 이상	190점 이상	230점 이상

국제 통용 한국어 표준 교육과정을 기준으로
TOPIK 급수별 어휘를 선별한
쏙쏙 한국어 어휘왕!

어떻게 만들어졌는지 지금부터 한번 살펴볼까요?

보기만 해도 저절로 외워지는 암기용 영상
www.youtube.com ➜ KOREAN BOX ➜ 재생 목록 ➜
한국어 중급 어휘 1800(Korean Intermediate Vocabulary 1800)

쉽고 재미있게, 쏙쏙 한국어 어휘왕!

만점으로 향하는 1800제

▶ 보기만 해도 저절로 외워지는 '암기용 깜빡이 영상'

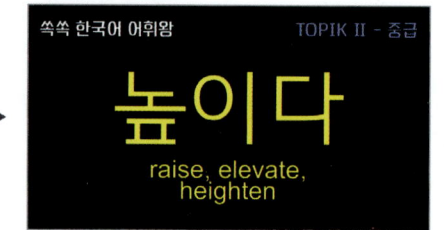

저자 선생님의 유튜브 채널에서 암기용 깜빡이 영상으로 혼자서도 한국어 단어를 공부할 수 있어요. 반복해서 따라 읽어 보면 더욱 좋아요. 표지의 QR코드를 찍으면 한국어 원어민의 발음이 담긴 MP3 파일도 다운로드 받을 수 있어요. (※ 실제 화면 구성은 다를 수 있습니다.)

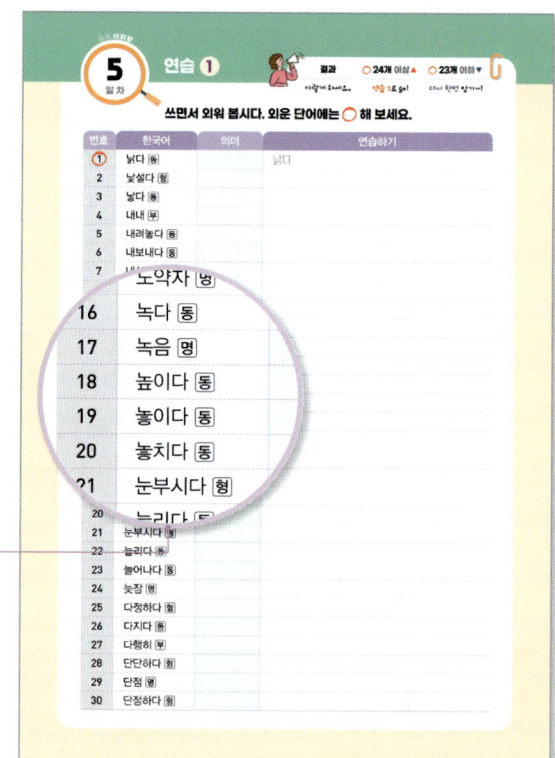

쓰면서 암기하기

높이다? 놓이다? 귀와 입으로 단어를 외운 후, 정확한 철자를 손으로 쓰면서 익히세요.

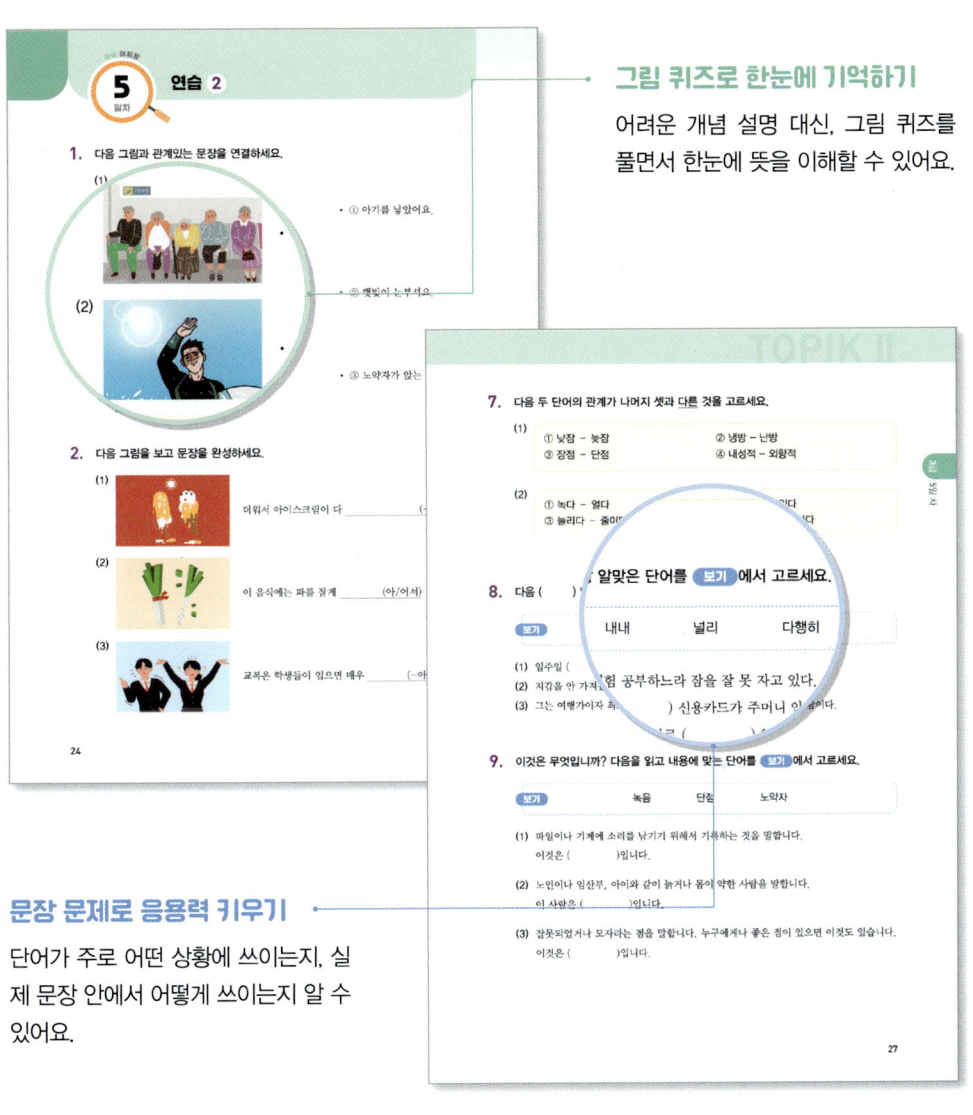

그림 퀴즈로 한눈에 기억하기

어려운 개념 설명 대신, 그림 퀴즈를 풀면서 한눈에 뜻을 이해할 수 있어요.

문장 문제로 응용력 키우기

단어가 주로 어떤 상황에 쓰이는지, 실제 문장 안에서 어떻게 쓰이는지 알 수 있어요.

🚩 이 책에 사용된 기호

명 명사	동 동사	형 형용사	수 수사	대 대명사
의 의존 명사	부 부사	관 관형사	감 감탄사	

목차

3급

일차	내용	쪽
1일 차	가꾸다~검토	3
2일 차	겁~과장	8
3일 차	과정~기능	13
4일 차	기대~난방	18
5일 차	낡다~단정하다	23
6일 차	단체~도서	28
7일 차	도시락~떨리다	33
8일 차	떨어뜨리다~면적	38
9일 차	면허증~미성년자	43
10일 차	미소~별일	48
11일 차	보고서~비용	53
12일 차	비키다~상점	58
13일 차	상태~수리	63
14일 차	수면~신나다	68
15일 차	신분~알아듣다	73
16일 차	암~영리하다	78
17일 차	영상~우연히	83
18일 차	우울하다~인구	88
19일 차	인상~장마철	93
20일 차	장면~정보	98
21일 차	정신~중순	103
22일 차	중심지~첫눈	108
23일 차	첫인상~틀림없이	113
24일 차	틈틈이~해돋이	118
25일 차	햇볕~희생	123

4급

- **26일 차** 가라앉다~개최 · · · · · 128
- **27일 차** 간접적~고정 · · · · · 133
- **28일 차** 고집~구성 · · · · · 138
- **29일 차** 구속~기울이다 · · · · · 143
- **30일 차** 기적~끼우다 · · · · · 148
- **31일 차** 끼치다~논의 · · · · · 153
- **32일 차** 논쟁~달아나다 · · · · · 158
- **33일 차** 달하다~데우다 · · · · · 163
- **34일 차** 도대체~뒤집다 · · · · · 168
- **35일 차** 드나들다~마음먹다 · · · · · 173
- **36일 차** 마주~모여들다 · · · · · 178
- **37일 차** 모처럼~미지근하다 · · · · · 183
- **38일 차** 미처~버티다 · · · · · 188
- **39일 차** 번갈다~부상 · · · · · 193
- **40일 차** 부서지다~비만 · · · · · 198
- **41일 차** 비명~사태 · · · · · 203
- **42일 차** 사표~선진 · · · · · 208
- **43일 차** 선호하다~솔직하다 · · · · · 213
- **44일 차** 수도권~신념 · · · · · 218
- **45일 차** 신비~아깝다 · · · · · 223
- **46일 차** 아예~어쩌다 · · · · · 228
- **47일 차** 어쩌면~연출 · · · · · 233
- **48일 차** 열기~우아하다 · · · · · 238
- **49일 차** 우연~의식 · · · · · 243
- **50일 차** 의심~일교차 · · · · · 248

목차

51일차 일생~잔소리 · **253**
52일차 잠기다~정면 · **258**
53일차 정상~줄곧 · **263**
54일차 줄어들다~진지하다 · · · · · · · · · · · · · · · · · · · **268**
55일차 진출~처벌 · **273**
56일차 처하다~쾌적하다 · **278**
57일차 타고나다~평상시 · **283**
58일차 평생~합리적 · **288**
59일차 합하다~호기심 · **293**
60일차 호흡~힘껏 · **298**

정답　　　　　　　　　　　　　　　　**305**

찾아보기　　　　　　　　　　　　　**317**

| 쏙쏙 어휘왕 |

중급 워크북

TOPIK II

1. TOPIK 3급과 4급에 자주 나오는 단어를 각각 가나다순으로 정리하였습니다.
2. 연습1 MP3를 들으며 쓰기 연습을 해 보세요. 단어 암기에 도움이 될 거예요.
   연습2 다양한 퀴즈를 풀어 보세요. 단어를 쉽게 이해하고 오래 기억할 수 있을 거예요.
3. 한국어는 앞말에 따라 '조사'의 형태가 달라집니다. 아래 표에 나온 문장의 형식을 확인하세요.

	앞말에 받침이 있을 때	앞말에 받침이 없을 때
N이/가	꽃잎이 빨갛다	열매가 빨갛다
	소년이 웃는다	소녀가 웃는다
N을/를	달을 보다	해를 보다
	밥을 먹다	딸기를 먹다
N와/과	달과 해	해와 달
	빵과 우유	우유와 빵
N(으)로	집으로 가다	학교로 가다
	앞말이 사람(동물)일 때	앞말이 사람(동물)이 아닐 때
N에/에게/께	선생님에게 제출하다	학교에 제출하다
	선생님께 제출하다	–

MP3 다운로드 경로 안내

www.sdedu.co.kr **접속** > 학습자료실 **클릭** > MP3 **클릭** > '쏙쏙 한국어 어휘왕' **검색**

연습 ①

쓰면서 외워 봅시다. 외운 단어에는 ○ 해 보세요.

번호	한국어	의미	연습하기
①	가꾸다 [동]	cultivate	가꾸다
2	가난하다 [형]		
3	가능하다 [형]		
4	가득하다 [형]		
5	가득히 [부]		
6	가렵다 [형]		
7	가리다 [동]		
8	가습기 [명]		
9	가입 [명]		
10	가전제품 [명]		
11	가정 [명]		
12	각 [관]		
13	각자 [부], [명]		
14	간 [명]		
15	간판 [명]		
16	간호 [명]		
17	갈다 [동]		
18	갈증 [명]		
19	감각 [명]		
20	감다 [동]		
21	감독 [명]		
22	감동 [명]		
23	감상 [명]		
24	감정 [명]		
25	개다[1] [동]		
26	개인 [명]		
27	거꾸로 [부]		
28	건조하다 [형]		
29	검색 [명]		
30	검토 [명]		

1일차 연습 2

1. 다음 그림과 관계있는 말을 연결하세요.

(1) 　•　　　•　① 간판이 많아요.

(2) 　•　　　•　② 가습기를 켜요.

(3) 　•　　　•　③ 붕대를 감았어요.

2. 다음 그림을 보고 문장을 완성하세요.

(1) 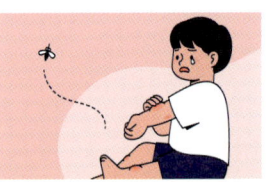　모기한테 물려서 팔이 _____ (-아/어요).

(2) 　제 취미는 음악 _____ (이에요/예요).

(3) 　마트에서 _____ (이/가) 20% 세일을 해요.

3. 다음 ( ) 안에 가장 알맞은 단어를 고르세요.

(1) 제출하신 서류를 (　　　)한 후 부족한 부분은 다시 연락드리겠습니다.

① 가정　　② 감독　　③ 검색　　④ 검토

(2) 그는 아버지가 편찮으셔서 10년 동안 (　　　)을/를 해 왔다.

① 간판　　② 간호　　③ 갈증　　④ 감정

(3) 저는 제 글을 통해서 사람들에게 (　　　)을 전해 주고 싶었습니다.

① 감각　　② 감동　　③ 감상　　④ 개인

(4) 할머니는 꽃을 (　　　) 것을 좋아하셔서 집이 정원처럼 예쁘다.

① 가꾸는　　② 가리는　　③ 고르는　　④ 자르는

(5) 햇빛이 너무 강하게 들어와서 커튼으로 창문을 (　　　).

① 가렸다　　② 갈았다　　③ 골랐다　　④ 지났다

(6) 경기장 안에는 빈자리가 없을 정도로 사람들로 (　　　).

① 가난했다　　② 가능했다　　③ 가득했다　　④ 건조했다

(7) 아버지께서는 어렸을 때 집이 (　　　) 대학에 못 갔다고 하셨다.

① 가난해서　　② 가득해서　　③ 가려워서　　④ 건조해서

1일차

4. 다음 ( ) 안에 들어갈 수 <u>없는</u> 단어를 고르세요.

(1) 영화 (　　) 을 하다

① 감각　　② 감상　　③ 관람　　④ 촬영

(2) (　　) 에 가입하다

① 보험　　② 회의　　③ 동아리　　④ 동호회

5. 다음 밑줄 친 부분과 비슷한 의미의 말을 고르세요.

(1) 매일 하루에 한 번씩 수영장의 물을 깨끗한 물로 <u>갈아요</u>.

① 가려요　　② 끓여요　　③ 넣어요　　④ 바꿔요

(2) 고속도로에서 큰 사고가 났다고 해서 관련 기사를 인터넷에서 <u>찾아보았다</u>.

① 감독했다　　② 감상했다　　③ 검색했다　　④ 검토했다

(3) 운동을 해서 땀을 많이 흘렸더니 너무 <u>목이 말랐어요</u>.

① 간을 봤어요　　② 간호를 했어요　　③ 갈증이 났어요　　④ 거품이 났어요

6. 다음 ( ) 안에 공통적으로 들어갈 단어를 고르세요.

(1) 운동을 하다가 다리를 다쳐서 다리에 붕대를 (　　).
모두 눈을 (　　) 음악 감상을 해 보세요.

① 감다　　② 갈다　　③ 걷다　　④ 가렵다

(2) 하루 종일 내리던 비가 그치고 날씨가 (　　).
아침에 일어나서 제일 먼저 하는 일은 이불을 (　　) 일이다.

① 가다　　② 개다　　③ 가꾸다　　④ 가리다

7. 다음 (　　) 안에 가장 알맞은 단어를 보기 에서 고르세요.

> 보기　　　　각자　　　가득히　　　거꾸로

(1) 시간을 (　　　) 돌려서 과거로 돌아가고 싶다.
(2) 어머니께서는 그릇에 밥을 (　　　) 담아 주셨다.
(3) 나와 친구는 (　　　) 자리에 앉아서 열심히 응원을 했다.

8. 다음 밑줄 친 부분과 반대되는 의미의 단어를 고르세요.

(1)
> 금방이라도 비가 올 것처럼 하늘이 흐리고 어두워졌어요.

① 갈다　　　② 감다　　　③ 개다　　　④ 가리다

(2)
> 요즘 장마철이라서 너무 습해요.

① 가렵다　　　② 가난하다　　　③ 가득하다　　　④ 건조하다

9. 이것은 무엇입니까? 다음을 읽고 내용에 맞는 단어를 보기 에서 고르세요.

> 보기　　　　감독　　　감정　　　간호

(1) 어떤 일이나 대상에 대한 느낌이나 기분을 말합니다.
　　이것은 (　　　)입니다.

(2) 아프거나 다친 사람을 보살피고 도와주는 것을 말합니다.
　　이것은 (　　　)입니다.

(3) 영화나 연극, 운동 경기 등에서 일의 전체를 관리하고 책임을 지는 사람을 말합니다.
　　이 사람은 (　　　)입니다.

2일차 연습 ①

결과 ○ 24개 이상 ▲ ○ 23개 이하 ▼

쓰면서 외워 봅시다. 외운 단어에는 ○ 해 보세요.

번호	한국어	의미	연습하기
①	겁 명		겁
2	게시판 명		
3	겨우 부		
4	결국 부		
5	결제 명		
6	경비 명		
7	경우 명		
8	경제 명		
9	곁 명		
10	계약 명		
11	고백 명		
12	고생 명		
13	곤란하다 형		
14	곧이어 부		
15	곧장 부		
16	골고루 부		
17	골목 명		
18	곱다 형		
19	곳곳 명		
20	공간 명		
21	공공 명		
22	공과금 명		
23	공동 명		
24	공사 명		
25	공식 명		
26	공통 명		
27	과로 명		
28	과목 명		
29	과식 명		
30	과장 명		

연습 2

1. 다음 그림과 관계있는 말을 연결하세요.

(1)  • • ① 골목이 좁아요.

(2) • • ② 공사 중이에요.

(3)  • • ③ 안내문이 붙어 있어요.

2. 다음 그림을 보고 문장을 완성하세요.

(1)  오늘 부동산에서 새집을 _____ (-았/었어요).

(2)  어제 파티에서 _____ (을/를) 했어요.

(3)  학교에서는 여러 가지 _____ (을/를) 배워요.

3. 다음 ( ) 안에 가장 알맞은 단어를 고르세요.

(1) 식당에서 식사를 하고 카드로 (   )를 했어요.

① 검토　　② 결과　　③ 결제　　④ 경비

(2) 날씨가 좋지 않으면 도착하는 시간이 늦어지는 (   )이/가 있다.

① 경제　　② 경우　　③ 골목　　④ 곳곳

(3) 지금 이 길은 지하철 (   ) 중이라서 많이 막힌다.

① 계약　　② 공간　　③ 공사　　④ 과장

(4) 여러 사람이 이용하는 (   ) 장소에서는 예의를 지켜야 한다.

① 공공　　② 공동　　③ 공식　　④ 공통

(5) 드라마가 끝나고 (   ) 저녁 뉴스가 방송됩니다.

① 겨우　　② 결국　　③ 곧이어　　④ 골고루

(6) 아이가 음식을 (   ) 먹지 않고 좋아하는 음식만 먹어서 큰일이다.

① 가득히　　② 거꾸로　　③ 곧이어　　④ 골고루

(7) 처음 만난 사람이 나이, 월급 등 대답하기 (   ) 질문을 했다.

① 가난한　　② 가득한　　③ 건조한　　④ 곤란한

4. 다음 단어 중에서 보기 의 단어와 관계가 없는 것을 고르세요.

(1) 보기　　　　　　　　　　장소

① 골목　　② 곳곳　　③ 공간　　④ 과장

(2) 보기　　　　　　　　　　돈

① 경비　　② 경제　　③ 고백　　④ 공과금

5. 다음 밑줄 친 부분과 비슷한 의미의 단어를 고르세요.

(1) 밤새도록 작성을 해서 <u>겨우</u> 보고서를 완성했다.

① 간신히　　② 거꾸로　　③ 곧이어　　④ 골고루

(2) 두 사람은 만나기만 하면 싸우더니 <u>결국</u> 헤어지고 말았다.

① 거꾸로　　② 곧이어　　③ 골고루　　④ 마침내

(3) 밤이 늦어 골목길을 혼자 걸으니 <u>겁이 났어요</u>.

① 가려웠어요　　② 무서웠어요　　③ 즐거웠어요　　④ 힘들었어요

6. 다음 (　　) 안에 공통적으로 들어갈 단어를 고르세요.

(1) 이쪽으로 (　　) 가시면 지하철역이 나옵니다.
너무 피곤해서 집에 도착하자마자 (　　) 잠이 들었어요.

① 각자　　② 겨우　　③ 결국　　④ 곧장

(2) 이번 행사를 준비하는 데 많은 (　　)가 들었어요.
그는 학생들의 안전을 위해 학교 주변에서 (　　)를 서고 있다.

① 검토　　② 결과　　③ 결제　　④ 경비

2일차

7. 다음 두 단어가 서로 어울리지 <u>않는</u> 것을 고르세요.

(1)
① 과로 – 하다   ② 과목 – 하다
③ 과식 – 하다   ④ 과장 – 하다

(2)
① 겁 – 나다   ② 곁 – 곱다
③ 결제 – 하다   ④ 경비 – 모으다

8. 다음 ( ) 안에 가장 알맞은 단어를 보기에서 고르세요.

| 보기 | 고생 | 공간 | 공과금 |

(1) 우리 집은 수납 (　　　)이 충분해서 생활하기에 편하다.
(2) 젊었을 때 하는 (　　　)은 나중에 좋은 경험이 될 것이다.
(3) 국가는 국민들에게 전기세나 수도세 같은 (　　　)을 받는다.

9. 이것은 무엇입니까? 다음을 읽고 내용에 맞는 단어를 보기에서 고르세요.

| 보기 | 고백 | 과로 | 과장 |

(1) 일을 너무 많이 하는 것을 말합니다. 요즘 많은 현대인이 이것 때문에 건강이 안 좋아지고 스트레스도 받습니다.
이것은 (　　　)입니다.

(2) 사실을 있는 그대로 말하지 않고, 사실보다 더 크고 더 좋게 나타내는 것을 말합니다. 이것을 자주 하면 주변 사람들이 그 사람의 말을 잘 믿지 않게 됩니다.
이것은 (　　　)입니다.

(3) 마음속 생각이나 숨기고 있는 사실을 솔직하게 밝히는 것을 말합니다. 좋아하는 사람에게 좋아한다고 솔직하게 말하는 것이기도 합니다. 이것을 하려면 많은 용기가 필요합니다.
이것은 (　　　)입니다.

쓰면서 외워 봅시다. 외운 단어에는 ◯ 해 보세요.

번호	한국어	의미	연습하기
①	과정 명		과정
2	관계없다 형		
3	관람 명		
4	관련 명		
5	관리 명		
6	관찰 명		
7	광경 명		
8	굉장히 부		
9	구경거리 명		
10	구멍 명		
11	구수하다 형		
12	구역 명		
13	구입하다 동		
14	구조[1] 명		
15	구체적 명		
16	국립 명		
17	굵다 동		
18	권하다 동		
19	규칙적 명		
20	그만하다 동		
21	그저 부		
22	근무 명		
23	금연 명		
24	긋다 동		
25	긍정적 명		
26	기계 명		
27	기관 명		
28	기구 명		
29	기념 명		
30	기능 명		

3일차 연습 2

1. 다음 그림과 관계있는 말을 연결하세요.

(1)    •   • ① 구멍이 났어요.

(2)    •   • ② 밑줄을 그어요.

(3)    •   • ③ 기계가 돌아가요.

2. 다음 그림을 보고 문장을 완성하세요.

(1)

여기에서 담배를 피우면 안 돼요.
여기는 _____ 구역입니다.

(2)

이곳은 _____ (이/가) 정말 많네요.
전통 물건도 많고 재미있는 행사도 있어요.

(3)

사람들이 극장에서 연극 _____ (을/를) 하고 있어요.

14

3. 다음 (   ) 안에 가장 알맞은 단어를 고르세요.

(1) 여름에 눈이 내리는 이상 기후 현상은 환경오염과 (   )이 있다.

① 과정 ② 관련 ③ 광경 ④ 규칙

(2) 우리 회사에서는 (   ) 시간에도 자유롭게 외출이 가능하다.

① 관람 ② 관찰 ③ 구조 ④ 근무

(3) 요즘에는 공공 (   )에 취직하려고 시험을 준비하는 사람이 많다.

① 구역 ② 국립 ③ 기관 ④ 기능

(4) 경찰은 사건이 발생하면 현장을 보존하기 위해서 선을 (   ) 놓는다.

① 써 ② 해 ③ 갈아 ④ 그어

(5) 초등학교 아이들은 개미의 특징에 대해 (   ) 결과를 발표했다.

① 관리한 ② 관찰한 ③ 구입한 ④ 근무한

(6) 어머니가 부엌에서 된장찌개를 만드시는데 (   ) 냄새가 난다.

① 가능한 ② 가득한 ③ 건조한 ④ 구수한

(7) 아르바이트를 하느라고 하루 종일 (   ) 기운이 하나도 없다.

① 감아서 ② 굶어서 ③ 권해서 ④ 그어서

3일차

4. 보기 의 단어로 만들 수 없는 단어를 고르세요.

(1) 보기 　　　관람

① 관람객　　② 관람료　　③ 관람석　　④ 관람식

(2) 보기 　　　기념

① 기념식　　② 기념인　　③ 기념일　　④ 기념품

5. 다음 밑줄 친 부분과 반대되는 의미의 단어를 고르세요.

(1) 민수 씨, 너무 <u>부정적</u>으로 생각하지 말고 좋은 방향으로 생각해 보세요.

① 감동적　　② 구체적　　③ 규칙적　　④ 긍정적

(2) 어떻게 밥도 안 먹고 하루 종일 게임만 <u>계속해요</u>?

① 권하다　　② 고백하다　　③ 과장하다　　④ 그만하다

(3) 이곳에서 생활에 필요한 물건들을 <u>구입할</u> 수 있어요.

① 관리하다　　② 구매하다　　③ 판매하다　　④ 할인하다

6. 다음 ( ) 안에 공통적으로 들어갈 단어를 고르세요.

(1) 부모님이 해외 유학을 (　　　) 이곳으로 오게 됐어요.
친구에게 담배를 (　　　) 끊었다고 해서 안 줬어요.

① 가지다　　② 권하다　　③ 떠나다　　④ 피우다

(2) 그 사람과 나는 전혀 (　　　). 오해하지 마세요.
저는 누가 같이 가든지 (　　　) 아무나 빨리 갑시다.

① 곤란하다　　② 관계없다　　③ 굉장하다　　④ 구수하다

7. 다음 두 단어의 관계가 나머지 셋과 <u>다른</u> 것을 고르세요.

(1)
① 국립 – 사립 ② 금연 – 흡연
③ 기능 – 성능 ④ 규칙적 – 불규칙적

(2)
① 그저 – 그냥 ② 굉장히 – 무척
③ 구체적 – 추상적 ④ 구경거리 – 볼거리

8. 다음 (　　) 안에 가장 알맞은 단어를 보기 에서 고르세요.

| 보기 | 과정 | 관리 | 구조 | 기능 |

(1) 신제품 개발의 진행 (　　　)을/를 내일까지 보고해 주세요.
(2) 학교에서 학생들 (　　　)을/를 위해서 상담실을 만들었어요.
(3) 나이가 드니까 소화 (　　　)이/가 떨어져서 음식을 많이 먹지 못해요.
(4) 저는 회사에서 건물의 (　　　)을/를 설계하고 직접 건축하는 일을 해요.

9. 이것은 무엇입니까? 다음을 읽고 내용에 맞는 단어를 보기 에서 고르세요.

| 보기 | 구체적 | 규칙적 | 긍정적 |

(1) 실제적이고 세밀한 부분까지 담고 있는 것을 말합니다.
　　이것은 (　　　)입니다.

(2) 무엇에 대해서 그렇다고 생각하거나 옳다고 인정하는 것을 말합니다.
　　이것은 (　　　)입니다.

(3) 일정한 질서가 있거나 기준이 있어서 이에 맞게 따르는 것을 말합니다.
　　이것은 (　　　)입니다.

연습 1

결과 ○ 24개 이상 ▲ ○ 23개 이하 ▼

쓰면서 외워 봅시다. 외운 단어에는 ○ 해 보세요.

번호	한국어	의미	연습하기
①	기대 명		기대
2	기대다 동		
3	기사 명		
4	기술자 명		
5	기억력 명		
6	기업 명		
7	기준 명		
8	기초 명		
9	긴급 명		
10	까다 동		
11	깔끔하다 형		
12	깜빡 부		
13	깨지다 동		
14	꺼지다 동		
15	껍질 명		
16	꼬리 명		
17	꼼짝 부		
18	꽂다 동		
19	꽉 부		
20	꽤 부		
21	꾸준히 부		
22	끊기다 동		
23	끌다 동		
24	끝내 부		
25	끼다[1] 동		
26	나르다 동		
27	나아지다 동		
28	나타내다 동		
29	낙엽 명		
30	난방 명		

4일차 연습 2

1. 다음 그림과 관계있는 말을 연결하세요.

(1)  • • ① 꽃을 꽂아요.

(2)  • • ② 껍질을 까요.

(3)  • • ③ 꼬리를 흔들어요.

2. 다음 그림을 보고 문장을 완성하세요.

(1)  눈이 많이 와서 도로가 _____ (-았/었어요).

(2)  가을이 되니까 _____ (이/가) 쌓였어요.

(3) 야구공 때문에 창문이 _____ (-았/었어요).

3. 다음 ( ) 안에 가장 알맞은 단어를 고르세요.

(1) 신문에 난 ( )이/가 맞는지 믿을 수가 없다.

① 기구　　② 기념　　③ 기사　　④ 기업

(2) 부모님이 저에 대해 너무 ( )을/를 많이 하셔서 조금 부담스러워요.

① 기대　　② 기준　　③ 기초　　④ 긴급

(3) 내 친구는 ( )이 좋아서 어렸을 때 일도 모두 기억하고 있다.

① 경제력　　② 관찰력　　③ 기술력　　④ 기억력

(4) 위층 바닥에서 의자를 ( ) 소리가 너무 시끄럽게 들렸다.

① 까는　　② 꽂는　　③ 끄는　　④ 끼는

(5) 오늘은 국경일이라서 문 앞에 태극기를 ( ) 놓았다.

① 꽂아　　② 끊겨　　③ 끌어　　④ 날라

(6) 깜짝 놀라는 바람에 들고 있던 컵을 놓쳐서 ( ).

① 깨졌다　　② 꺼졌다　　③ 꽂았다　　④ 끼었다

(7) 그는 감정을 얼굴에 그대로 ( ) 얼굴만 보면 기분을 알 수 있다.

① 기대서　　② 그만해서　　③ 나아져서　　④ 나타내서

(8) 동생은 성격이 ( ) 방이 항상 깨끗하게 정리되어 있다.

① 건조해서　　② 곤란해서　　③ 구수해서　　④ 깔끔해서

4. 다음 단어 중에서 보기 의 단어와 관계가 없는 것을 고르세요.

(1) 보기 　　　　　　　　　　끼다

① 구름　　② 습기　　③ 안개　　④ 햇빛

(2) 보기 　　　　　　　　　　끊기다

① 소식　　② 연락　　③ 자동차　　④ 지하철

5. 다음 밑줄 친 부분과 비슷한 의미의 단어를 고르세요.

(1) 그는 자기의 꿈을 이루기 위해 끊임없이 노력하고 있다.

① 꽤　　② 끝내　　③ 굉장히　　④ 꾸준히

(2) 양파 껍질을 벗기기 전에 물에 담가 놓으면 눈이 맵지 않다.

① 개기　　② 까기　　③ 끄기　　④ 끼기

(3) 집 앞에 쌓인 물건들을 안으로 옮겼다.

① 길렀다　　② 날랐다　　③ 눌렀다　　④ 불렀다

6. 다음 (　　) 안에 공통적으로 들어갈 단어를 고르세요.

(1) 우산을 접어서 벽에 (　　) 놓았다.
너무 피곤해서 친구의 어깨에 (　　) 잠이 들었다.

① 기대다　　② 꺼지다　　③ 끊기다　　④ 나르다

(2) 경제가 좋아지면 지금보다 상황이 더 (　　).
피곤해서 그런 거니까 조금 쉬고 나면 기분이 (　　).

① 가꾸다　　② 그만하다　　③ 나아지다　　④ 나타내다

4일차

7. 다음 단어를 보고 연상되는 단어를 `보기`에서 고르세요.

보기		까다	꽂다	끌다	

(1) 열쇠   책   꽃 → _____
(2) 관심   인기   시선 → _____
(3) 귤   계란   바나나 → _____

8. 다음 밑줄 친 부분과 반대되는 의미의 단어를 고르세요.

(1) 이 방은 <u>난방</u>이 고장 나서 너무 추우니까 다른 곳으로 갑시다.

① 가방   ② 냉방   ③ 다방   ④ 지방

(2) 바람이 불어서 케이크에 꽂아 놓은 촛불이 모두 <u>꺼졌다</u>.

① 깨지다   ② 끊기다   ③ 나르다   ④ 켜지다

9. 다음 ( ) 안에 가장 알맞은 단어를 `보기`에서 고르세요.

보기	꽉	깜빡	꼼짝	끝내

(1) 약속을 ( ) 잊고 있었는데 갑자기 생각이 났다.
(2) 너무 ( ) 끼는 옷을 입으면 움직이기가 불편해요.
(3) 내가 갈 때까지 ( ) 말고 그대로 있어. 금방 갈게.
(4) 나는 친구의 비밀을 지켜주기 위해서 ( ) 입을 열지 않았다.

5일차 연습 ①

결과 ○ 24개 이상 ▲ ○ 23개 이하 ▼

쓰면서 외워 봅시다. 외운 단어에는 ○ 해 보세요.

번호	한국어	의미	연습하기
①	낡다 [동]		낡다
2	낯설다 [형]		
3	낳다 [동]		
4	내내 [부]		
5	내려놓다 [동]		
6	내보내다 [동]		
7	내성적 [명]		
8	냉동 [명]		
9	냉방 [명]		
10	냉정하다 [형]		
11	널다 [동]		
12	널리 [부]		
13	넓이 [명]		
14	넘어가다 [동]		
15	노약자 [명]		
16	녹다 [동]		
17	녹음 [명]		
18	높이다 [동]		
19	놓이다 [동]		
20	놓치다 [동]		
21	눈부시다 [형]		
22	늘리다 [동]		
23	늘어나다 [동]		
24	늦잠 [명]		
25	다정하다 [형]		
26	다지다 [동]		
27	다행히 [부]		
28	단단하다 [형]		
29	단점 [명]		
30	단정하다 [형]		

5일차 연습 2

1. 다음 그림과 관계있는 말을 연결하세요.

(1)  •   • ① 아기를 낳았어요.

(2)  •   • ② 햇빛이 눈부셔요.

(3)  •   • ③ 노약자가 앉는 자리예요.

2. 다음 그림을 보고 문장을 완성하세요.

(1)  더워서 아이스크림이 다 _____ (-았/었어요).

(2)  이 음식에는 파를 잘게 _____ (아/어서) 넣어야 돼요.

(3)  교복은 학생들이 입으면 매우 _____ (-아/어) 보여요.

3. 다음 ( ) 안에 가장 알맞은 단어를 고르세요.

(1) 물고기를 거의 다 잡았는데 너 때문에 (   ) 버렸어.

① 낳아　　② 널어　　③ 놓쳐　　④ 늘려

(2) 그 배우는 영화에서 맡은 역할을 위해 체중을 10kg이나 (   ).

① 높였다　　② 놓였다　　③ 놓쳤다　　④ 늘렸다

(3) 운동을 꾸준히 해서 그런지 몸에 근육도 많고 (   ) 보인다.

① 냉정해　　② 다정해　　③ 단단해　　④ 단정해

(4) 처음 만나는 사람인데도 전혀 (   ) 느껴지지 않았다.

① 낯설게　　② 다정하게　　③ 단단하게　　④ 따뜻하게

(5) 도와달라고 부탁했는데 그는 차가운 표정으로 (   ) 거절했다.

① 냉정하게　　② 눈부시게　　③ 단정하게　　④ 똑똑하게

(6) 식사를 마치자마자 수저를 식탁 위에 (   ) 곧장 나갔다.

① 나타내고　　② 내려놓고　　③ 내보내고　　④ 넘어가고

(7) 아까 방이 좀 추워서 온도를 (   ) 지금은 너무 덥네요.

① 높였는데　　② 놓였는데　　③ 놓쳤는데　　④ 늘렸는데

5일차

4. 다음 ( ) 안에 들어갈 수 <u>없는</u> 단어를 고르세요.

(1)
> ( )을/를 하다

① 냉동　　② 냉방　　③ 넓이　　④ 녹음

(2)
> ( )이/가 늘어나다

① 가격　　② 인구　　③ 재산　　④ 몸무게

5. 다음 밑줄 친 부분과 비슷한 의미의 단어를 고르세요.

(1)
> 이 집은 <u>오래되었지만</u> 어린 시절의 추억이 있어서 나에게는 소중한 곳이다.

① 낡았지만　　② 낳았지만　　③ 놓았지만　　④ 늙었지만

(2)
> 이 가게를 방문하는 손님의 수가 작년보다 두 배로 <u>증가했다</u>.

① 내보냈다　　② 넘어갔다　　③ 늘어났다　　④ 줄어들었다

6. 다음 ( ) 안에 공통적으로 들어갈 단어를 고르세요.

(1)
> 동생이 아무 일 없이 집에 돌아와서 이제야 마음이 (　　　).
> 탁자 위에 (　　　) 있던 가족사진이 어디로 갔는지 모르겠다.

① 높이다　　② 놓이다　　③ 놓치다　　④ 늘리다

(2)
> 캠핑하려고 쳐 놓았던 텐트가 바람 때문에 뒤로 (　　　).
> 5일 차 단어를 다 외워서 6일 차 단어로 (　　　).

① 나아지다　　② 내려놓다　　③ 내보내다　　④ 넘어가다

7. 다음 두 단어의 관계가 나머지 셋과 다른 것을 고르세요.

(1)
① 낮잠 – 늦잠   ② 냉방 – 난방
③ 장점 – 단점   ④ 내성적 – 외향적

(2)
① 녹다 – 얼다   ② 낯설다 – 낯익다
③ 늘리다 – 줄이다   ④ 늘어나다 – 증가하다

8. 다음 ( ) 안에 가장 알맞은 단어를 보기 에서 고르세요.

보기   내내   널리   다행히

(1) 일주일 (   ) 시험 공부하느라 잠을 잘 못 자고 있다.
(2) 지갑을 안 가져왔는데 (   ) 신용카드가 주머니 안에 있었다.
(3) 그는 여행가이자 최고의 사진작가로 (   ) 알려져 있는 사람이다.

9. 이것은 무엇입니까? 다음을 읽고 내용에 맞는 단어를 보기 에서 고르세요.

보기   녹음   단점   노약자

(1) 파일이나 기계에 소리를 남기기 위해서 기록하는 것을 말합니다.
이것은 (   )입니다.

(2) 노인이나 임산부, 아이와 같이 늙거나 몸이 약한 사람을 말합니다.
이 사람은 (   )입니다.

(3) 잘못되었거나 모자라는 점을 말합니다. 누구에게나 좋은 점이 있으면 이것도 있습니다.
이것은 (   )입니다.

6일차 연습 ①

결과 ○ 24개 이상 ▲ ○ 23개 이하 ▼

쓰면서 외워 봅시다. 외운 단어에는 ○ 해 보세요.

번호	한국어	의미	연습하기
①	단체 명		단체
2	닫히다 동		
3	달다 동		
4	달콤하다 형		
5	담그다 동		
6	담기다 동		
7	담다 동		
8	당연하다 형		
9	당장 명		
10	당황하다 동		
11	닿다 동		
12	대다 동		
13	대단하다 형		
14	대신 명		
15	대중 명		
16	대체로 부		
17	대표 명		
18	대하다 동		
19	대형 명		
20	더하다 동		
21	덜 부		
22	덜다 동		
23	덮다 동		
24	데다 동		
25	데리다 동		
26	데치다 동		
27	도구 명		
28	도둑 명		
29	도망가다 동		
30	도서 명		

6일차 연습 2

1. 다음 그림과 관계있는 말을 연결하세요.

(1)  • • ① 도둑이 들었어요.

(2)  • • ② 도서가 꽂혀 있어요.

(3)  • • ③ 단체 사진을 찍고 있어요.

2. 다음 그림을 보고 문장을 완성하세요.

(1)  와, 정말 케이크가 _____(-네요)!

(2) 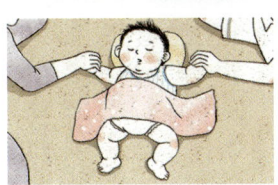 요즘은 소형보다 _____ 가전제품이 많이 팔려요.

(3) 아이가 수건을 _____(-고) 자고 있어요.

3. 다음 ( ) 안에 가장 알맞은 단어를 고르세요.

(1) 피부에 ( ) 옷의 느낌이 부드러웠다.

① 다는 ② 담는 ③ 닿는 ④ 대는

(2) 손님을 ( ) 때는 항상 존댓말을 써야 해요.

① 닫힐 ② 담글 ③ 담길 ④ 대할

(3) 유치원 아이들은 이름표를 가슴에 ( ) 있어요.

① 달고 ② 담고 ③ 닿고 ④ 덜고

(4) 그는 조카들을 ( ) 놀이공원에 갔어요.

① 담그고 ② 더하고 ③ 대하고 ④ 데리고

(5) 채소를 끓는 물에 살짝 ( ) 먹었어요.

① 닿아서 ② 대해서 ③ 더해서 ④ 데쳐서

(6) 뷔페에서는 음식을 각자 ( ) 먹으면 됩니다.

① 달다가 ② 담그다가 ③ 덜어다가 ④ 덮어다가

(7) 이렇게 큰 케이크를 혼자 다 먹다니 ( )!

① 달콤하구나 ② 당연하구나 ③ 대단하구나 ④ 마땅하구나

(8) 그는 손을 흔드는 것으로 인사를 ( ).

① 당황했어요 ② 대신했어요 ③ 대표했어요 ④ 도망갔어요

4. 다음 단어를 보고 연상되는 단어를 보기 에서 고르세요.

보기		대중	대표	대형	도구	

(1) 가요   교통   문화   → _____
(2) 운동   청소   캠핑   → _____
(3) 학교   지역   국가   → _____
(4) 자동차   아파트   냉장고   → _____

5. 다음 밑줄 친 부분과 반대되는 의미의 단어를 고르세요.

(1) 아이는 가방에 엄마가 선물한 인형을 <u>달았어요</u>.

① 대다   ② 덜다   ③ 데다   ④ 떼다

(2) 문이 <u>닫혀</u> 있어서 답답했어요.

① 놓이다   ② 담기다   ③ 열리다   ④ 잠기다

6. 다음 밑줄 친 부분과 비슷한 의미의 단어를 고르세요.

(1) 요즘 사람들은 <u>대체로</u> 운동을 많이 하는 것 같아요.

① 더   ② 덜   ③ 당장   ④ 대부분

(2) 어른이 여섯, 아이가 둘, 다 <u>합치면</u> 여덟 명이에요.

① 덜면   ② 빼면   ③ 대하면   ④ 더하면

6일차

7. 다음 ( ) 안에 가장 알맞은 단어를 보기 에서 고르세요.

| 보기 | 덜 | 당장 | 대체로 |

(1) 요즘 날씨가 (　　　) 흐린 것 같아요.
(2) 비가 계속 내리는데 오늘은 어제보다 (　　　) 내리네요.
(3) 비가 더 많이 오기 전에 (　　　) 집에 가는 것이 좋겠어요.

8. 다음 ( ) 안에 공통적으로 들어갈 단어를 고르세요.

(1)
> 나는 대학교 때까지 농구 선수로 (　　　) 생활을 했어요.
> 고등학교 때 졸업 여행을 가서 (　　　) 사진을 찍었어요.

① 단체　　② 대신　　③ 대중　　④ 대표

(2)
> 집에 있는 청소기가 너무 (　　　)이라서 무거워요.
> 저는 (　　　) 버스를 운전합니다.

① 대형　　② 도구　　③ 도둑　　④ 도서

9. 다음 단어와 관계가 있는 동사를 보기 에서 고르세요.

| 보기 | 달다 | 닿다 | 담그다 |

(1)　손　　발　　어깨　→ _____
(2)　물　　김치　　된장　→ _____
(3)　단추　이름표　태극기 → _____

7일차 연습 ①

결과 ○ 24개 이상 ▲   ○ 23개 이하 ▼

쓰면서 외워 봅시다. 외운 단어에는 ○ 해 보세요.

번호	한국어	의미	연습하기
①	도시락 명		도시락
2	도심 명		
3	도중 명		
4	독감 명		
5	돌려받다 동		
6	돌보다 동		
7	돌아다니다 동		
8	동그랗다 형		
9	동료 명		
10	동양 명		
11	동작 명		
12	동창 명		
13	동호회 명		
14	되돌아오다 동		
15	되찾다 동		
16	두께 명		
17	둥글다 형		
18	등록 명		
19	따다 동		
20	따라가다 동		
21	따라서 부		
22	따로따로 부		
23	따르다¹ 동		
24	딱 부		
25	딱딱하다 형		
26	때때로 부		
27	떠오르다 동		
28	떠올리다 동		
29	떨다 동		
30	떨리다 동		

7일차 연습 2

1. 다음 그림과 관계있는 말을 연결하세요.

(1)  •   • ① 동료

(2)  •   • ② 동창

2. 다음 그림을 보고 문장을 완성하세요.

(1)  해가 _____ (-았/었네요).

(2)  여자가 몸을 _____ (-고 있어요).

(3)  아버지가 사과를 _____ (-았/었어요).

3. 다음 (   ) 안에 가장 알맞은 단어를 고르세요.

(1) 나는 영화를 보는 (   )에 전화가 와서 영화관에서 나왔다.

① 도심　　② 도중　　③ 동작　　④ 등록

(2) 나는 수업 시간에 (   ) 맞춰서 도착했다.

① 딱　　② 따라서　　③ 때때로　　④ 따로따로

(3) 선생님이 늦게까지 아이를 (   ) 있어요.

① 돌보고　　② 되찾고　　③ 따르고　　④ 떨리고

(4) 지난주에 잃어버린 스마트폰을 (   ) 기분이 좋아요.

① 돌봐서　　② 떨려서　　③ 되찾아서　　④ 돌아다녀서

(5) 공포영화를 보는데 무서워서 몸이 (   ).

① 땄어요　　② 따랐어요　　③ 떨렸어요　　④ 떨었어요

(6) 친구에게 보낸 편지가 나에게 (   ).

① 돌봤어요　　② 따라갔어요　　③ 떨어졌어요　　④ 되돌아왔어요

(7) 지난달에 친구에게 책을 빌려줬는데 오늘 (   ).

① 떠올랐어요　　② 떠올렸어요　　③ 돌려받았어요　　④ 돌아다녔어요

7일차

4. 다음 두 단어의 관계가 나머지 셋과 <u>다른</u> 것을 고르세요.

(1)
① 딱 – 꼭
② 때때로 – 자주
③ 따로따로 – 각각
④ 따라서 – 그러므로

(2)
① 동양 – 서양
② 등록 – 취소
③ 둥글다 – 동그랗다
④ 딱딱하다 – 부드럽다

5. 다음 ( ) 안에 공통적으로 들어갈 단어를 고르세요.

(1)
아이들이 ( ) 모여서 이야기를 하고 있어요.
하늘에 ( ) 해가 떴어요.

① 길다　② 높다　③ 크다　④ 둥글다

(2)
어머니는 요즘 치과에 다니셔서 ( ) 음식을 잘 못 드세요.
의자가 ( ) 오래 앉아있기가 힘들어요.

① 맵다　② 뜨겁다　③ 딱딱하다　④ 불편하다

6. 다음 단어 중에서 보기의 단어와 관계가 <u>없는</u> 것을 고르세요.

(1) 보기　두께

① 낮다　② 얇다　③ 재다　④ 두껍다

(2) 보기　등록

① 받다　② 주다　③ 하다　④ 끝나다

(3) 보기　독감

① 낫다　② 앓다　③ 걸리다　④ 고치다

TOPIK II

7. 다음 단어와 관계가 있는 동사를 보기 에서 고르세요.

> 보기   돌려받다   돌아다니다   되돌아오다

(1)   돈   갚다   빌리다   → _____
(2)   거리   관광   구경   → _____
(3)   택배   편지   소포   → _____

8. 다음 ( ) 안에 가장 알맞은 단어를 보기 에서 고르세요.

> 보기   딱   때때로   따로따로

(1) 나는 주말에 (   ) 등산을 간다.
(2) 남학생과 여학생은 (   ) 앉아 있어요.
(3) 신발을 신어 봤는데 내 발에 (   ) 맞았어요.

9. 이것은 무엇입니까? 다음을 읽고 내용에 맞는 단어를 보기 에서 고르세요.

> 보기   도심   동양   도시락   동호회

(1) 도시의 중심을 말합니다.
    이것은 (   )입니다.

(2) 같은 취미를 즐기는 사람들의 모임을 말합니다.
    이것은 (   )입니다.

(3) 주로 아시아 국가를 말합니다. 유럽의 동쪽에 있습니다.
    이것은 (   )입니다.

(4) 밖에서 먹을 수 있게 음식을 담아 간편하게 가지고 다니는 그릇을 말합니다.
    이것은 (   )입니다.

8일차 연습 1

쓰면서 외워 봅시다. 외운 단어에는 ○ 해 보세요.

번호	한국어	의미	연습하기
①	떨어뜨리다 [동]		떨어뜨리다
2	또한 [부]		
3	똑똑히 [부]		
4	뚫다 [동]		
5	뛰다 [동]		
6	뛰어나다 [형]		
7	뛰어내리다 [동]		
8	뛰어넘다 [동]		
9	뜨다¹ [동]		
10	마음대로 [부]		
11	마음씨 [명]		
12	마침 [부]		
13	막 [부]		
14	막다 [동]		
15	막차 [명]		
16	만족스럽다 [형]		
17	말다 [동]		
18	말리다¹ [동]		
19	맞다 [동]		
20	맞이하다 [동]		
21	맡기다 [동]		
22	맡다¹ [동]		
23	맡다² [동]		
24	매달다 [동]		
25	매진되다 [동]		
26	맨발 [명]		
27	먼지 [명]		
28	멀미 [명]		
29	멋지다 [형]		
30	면적 [명]		

8일차 연습 2

1. 다음 그림과 관계있는 말을 연결하세요.

(1)  • • ① 맨발로 바다에 들어갔어요.

(2)  • • ② 멀미가 심해서 힘들었어요.

(3)  • • ③ 쇼파 밑에 먼지가 쌓여 있어요.

2. 다음 그림을 보고 문장을 완성하세요.

(1)  새가 나무에 구멍을 _____ (-고 있어요).

(2)  고양이가 아래로 _____ (-고 있어요).

(3)  여자가 허들을 _____ (-고 있어요).

3. 다음 ( ) 안에 가장 알맞은 단어를 고르세요.

(1) 열심히 뛰어서 ( )를 놓치지 않았어요.

① 막차　　② 먼지　　③ 멀미　　④ 마음씨

(2) 나는 운동장을 매일 한 시간 동안 ( ).

① 뛴다　　② 뜬다　　③ 뛰어내린다　　④ 뛰어넘는다

(3) 선생님은 저에게 일을 ( ) 교실에서 나가셨어요.

① 말리고　　② 맡기고　　③ 매달고　　④ 맞이하고

(4) 오늘 밤에는 보통 때보다 크고 빨간 달이 ( ) 해요.

① 뜬다고　　② 뚫는다고　　③ 맡는다고　　④ 맞는다고

(5) 갑자기 소나기가 내렸는데 우산이 없어서 비를 ( ).

① 막았어요　　② 말았어요　　③ 맞았어요　　④ 맡았어요

(6) 영화표가 ( ) 영화를 볼 수 없었어요.

① 매달아서　　② 매진돼서　　③ 떨어뜨려서　　④ 뛰어내려서

(7) 오늘 미용실에서 머리를 잘랐는데 저와 어울려서 아주 ( ).

① 똑똑해요　　② 뛰어나요　　③ 통통해요　　④ 만족스러워요

4. 다음 단어 중에서 보기 의 단어와 관계가 없는 것을 고르세요.

(1) 보기 　　　　　　　　　　　막차

① 타다　　　② 놓치다　　　③ 말리다　　　④ 떠나다

(2) 보기 　　　　　　　　　　　마음씨

① 곱다　　　② 예쁘다　　　③ 착하다　　　④ 뛰어나다

5. 다음 (　　) 안에 공통적으로 들어갈 단어를 고르세요.

(1)
저는 반에서 반장을 (　　　) 있어요.
제 취미는 향수 모으기예요. 좋은 향을 (　　　) 기분이 좋아져요.

① 막다　　　② 말다　　　③ 맞다　　　④ 맡다

(2)
친구 집에 처음 방문했더니 친구가 반갑게 (　　　).
저는 새해 첫날, 바다에서 일출을 보면서 새해를 (　　　).

① 뛰다　　　② 뜨다　　　③ 말리다　　　④ 맞이하다

6. 다음 (　　) 안에 가장 알맞은 단어를 보기 에서 고르세요.

보기 　　　막　　　마침　　　똑똑히　　　마음대로

(1) 나는 어젯밤에 꾸었던 꿈을 (　　　) 기억해요.
(2) 모든 일을 내 (　　　) 할 수 있다면 얼마나 좋을까?
(3) 목이 많이 말랐는데 (　　　) 근처에 약수터가 있었어요.
(4) 지하철 안에서 어떤 아저씨가 (　　　) 소리를 질러서 무서웠어요.

7. 다음 단어와 관계가 있는 동사를 보기 에서 고르세요.

| 보기 | 뚫다 | 뜨다 | 떨어뜨리다 |

(1) 달   일출   비행기 → _____
(2) 변기   구멍   막히다 → _____
(3) 지갑   깨지다   잃어버리다 → _____

8. 이것은 무엇입니까? 다음을 읽고 내용에 맞는 단어를 보기 에서 고르세요.

| 보기 | 맨발 | 먼지 | 멀미 |

(1) 양말이나 신발 등을 신지 않은 상태를 말합니다.
 이것은 (   )입니다.

(2) 차, 배, 비행기를 탈 때, 어지럽고 힘든 상태를 말합니다.
 이것은 (   )입니다.

(3) 아주 작아서 잘 보이지 않고 가벼운 것입니다. 청소를 하지 않으면 이것이 쌓입니다.
 이것은 (   )입니다.

9. 다음 ( ) 안에 알맞은 단어를 보기 에서 골라서 문장을 완성하세요.

| 보기 | 또한 | 면적 | 멋지다 |

제주도는 한국의 남쪽에 위치한 섬이며 (   )은 약 1,850km²이다. 서울에서 제주도까지는 비행기로 갈 수 있는데, 배를 타고 가는 사람 (   ) 생각보다 많다. 무엇보다도 제주도는 (   ) 풍경을 볼 수 있어서 휴양지로 유명하다.

9일차 연습 ❶

결과 ○ 24개 이상 ▲ ○ 23개 이하 ▼
이렇게 하세요. 연습 2로 옹이! 다시 한번 암기~!

쓰면서 외워 봅시다. 외운 단어에는 ○ 해 보세요.

번호	한국어	의미	연습하기
①	면허증 [명]		면허증
2	모범 [명]		
3	모집 [명]		
4	목록 [명]		
5	목적지 [명]		
6	목표 [명]		
7	몰래 [부]		
8	몸무게 [명]		
9	몸살 [명]		
10	몸짓 [명]		
11	묘사 [명]		
12	무늬 [명]		
13	무대 [명]		
14	무더위 [명]		
15	무덤 [명]		
16	무역 [명]		
17	무조건 [부]		
18	묵다 [동]		
19	묶다 [동]		
20	문화재 [명]		
21	묻다[1] [동]		
22	물가 [명]		
23	물다 [동]		
24	물러나다 [동]		
25	물리다 [동]		
26	물음 [명]		
27	미끄럽다 [형]		
28	미루다 [동]		
29	미만 [명]		
30	미성년자 [명]		

9일차 연습 2

1. 다음 그림과 관계있는 말을 연결하세요.

   (1)    •   • ① 무늬

   (2)    •   • ② 무대

   (3)    •   • ③ 무덤

2. 다음 그림을 보고 문장을 완성하세요.

   (1)

   강아지가 다리를 _____ (-앗/었어요).

   (2)

   운동화 끈이 풀려서 다시 _____ (-앗/었어요).

   (3)

   옷에 피가 _____ (-앗/었어요).

3. 다음 ( ) 안에 가장 알맞은 단어를 고르세요.

(1) 주말에 일할 수 있는 아르바이트생을 (　　) 중입니다.

① 매진　　② 모집　　③ 목록　　④ 몸살

(2) 저는 (　　)가 없는 단순한 디자인을 좋아해요.

① 먼지　　② 묘사　　③ 무늬　　④ 물가

(3) 아직 말을 하지 못하는 아기는 (　　)으로 자신의 의견을 표현했다.

① 모범　　② 몸짓　　③ 무역　　④ 물음

(4) 올해 저의 (　　)는 한국어 시험에 합격하는 것입니다.

① 막차　　② 목표　　③ 무대　　④ 목적지

(5) 여름 방학에는 서울로 (　　) 탐방을 가기로 했다.

① 면허증　　② 몸무게　　③ 무더위　　④ 문화재

(6) 이번 휴가에는 좋은 호텔에 (　　) 푹 쉬려고요.

① 묵으면서　　② 묶으면서　　③ 물리면서　　④ 물으면서

(7) 갑자기 일이 생겨서 오늘 약속을 내일로 (　　).

① 물렸어요　　② 물었어요　　③ 미뤘어요　　④ 물러났어요

4. 다음 ( ) 안에 공통적으로 들어갈 단어를 고르세요.

(1)
> 다니던 회사를 그만두고 제주도에서 며칠 ( ) 쉬었어요.
> 집수리를 하는 동안 친구 집에서 ( ).

① 묵다　　② 묶다　　③ 묻다　　④ 물다

(2)
> 이곳은 위험하니까 조금만 ( ) 주세요.
> 무대 앞으로 나오지 말고 뒤로 ( ).

① 말리다　　② 물리다　　③ 미루다　　④ 물러나다

5. 다음 단어를 보고 연상되는 단어를 보기 에서 고르세요.

| 보기 | 묘사 | 미만 | 문화재 |

(1)　유형　　무형　　인간　　→ _____
(2)　이상　　이하　　초과　　→ _____
(3)　인물　　배경　　장면　　→ _____

6. 다음 단어 중에서 보기 의 단어와 관계가 없는 것을 고르세요.

(1) 보기　몸살

① 나다　　② 앓다　　③ 찌다　　④ 걸리다

(2) 보기　몸무게

① 늘다　　② 늘리다　　③ 늘어나다　　④ 늘어지다

(3) 보기　물가

① 그치다　　② 오르다　　③ 비싸다　　④ 올라가다

7. 다음 두 단어의 관계가 나머지 셋과 <u>다른</u> 것을 고르세요.

(1)
① 몸짓 – 동작　　　② 물음 – 대답
③ 미만 – 초과　　　④ 무더위 – 강추위

(2)
① 무덤 – 산소　　　② 무역 – 거래
③ 묶다 – 매다　　　④ 미루다 – 당기다

8. 다음 (　) 안에 가장 알맞은 단어를 보기에서 골라서 문장을 완성하세요.

| 보기 | 몰래　　무조건　　미끄럽다 |

(1) 기자는 연예인의 사생활을 (　　) 찍었다.
(2) 길이 (　　) 뛰지 않는 것이 좋겠다.
(3) 아버지가 화가 나셨으니까 (　　) 잘못했다고 해.

9. 이것은 무엇입니까? 다음을 읽고 내용에 맞는 단어를 보기에서 고르세요.

| 보기 | 목록　　물가　　면허증　　미성년자 |

(1) 19세 미만의 사람을 말합니다.
　　이것은 (　　)입니다.

(2) 물건의 가격을 말합니다. 이것이 높으면 생활이 힘들어집니다.
　　이것은 (　　)입니다.

(3) 어떤 자격을 증명하는 문서를 말합니다. 운전을 할 때도 이것이 필요합니다.
　　이것은 (　　)입니다.

(4) 어떤 것들의 이름이나 제목을 순서대로 적은 것을 말합니다. 장을 보기 전에 필요한 것을 순서대로 작성하면서 이것을 만드는 사람도 있습니다.
　　이것은 (　　)입니다.

10일차 연습 ①

결과 ○ 24개 이상 ▲ ○ 23개 이하 ▼

쓰면서 외워 봅시다. 외운 단어에는 ○ 해 보세요.

번호	한국어	의미	연습하기
①	미소 명		미소
2	밀리다[1] 동		
3	밉다 형		
4	바탕 명		
5	반납 명		
6	반면 명		
7	반복 명		
8	반하다 동		
9	발급 명		
10	발달 명		
11	발명 명		
12	발전 명		
13	발행 명		
14	밝히다 동		
15	밟다 동		
16	밤새 명		
17	방식 명		
18	방해 명		
19	배웅하다 동		
20	배치 명		
21	번역 명		
22	벌 명		
23	벌금 명		
24	범죄 명		
25	법 명		
26	벗기다 동		
27	변경 명		
28	변화 명		
29	별명 명		
30	별일 명		

10일차 연습 2

1. 다음 그림과 관계있는 말을 연결하세요.

(1) 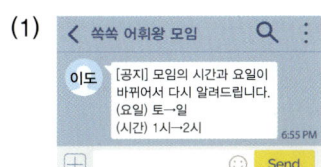 • • ① 변경

(2)  • • ② 변화

2. 다음 그림을 보고 문장을 완성하세요.

(1)  출퇴근 시간이라 차가 _____ (–아/어요).

(2)  기차역에서 부모님을 _____ (–았/었어요).

(3)  엄마가 아이의 옷을 _____ (–았/었어요).

3. 다음 ( ) 안에 가장 알맞은 단어를 고르세요.

(1) 나는 운전할 때 과속을 해서 (　　)을 냈다.

① 발　　② 벌　　③ 법　　④ 벌금

(2) 이 책을 빌리고 싶은데요, (　　)은 언제까지 하면 돼요?

① 바탕　　② 반납　　③ 반면　　④ 반복

(3) 저는 자기 (　　)을 위해서 외국어 공부를 하고 있어요.

① 발급　　② 발명　　③ 발전　　④ 발행

(4) 저는 외국어를 전공해서 (　　) 일을 하고 있어요.

① 발달　　② 배웅　　③ 번역　　④ 범죄

(5) 나는 친구와 여행을 가서 (　　) 이야기하며 시간을 보냈다.

① 밤새　　② 방식　　③ 방해　　④ 배치

(6) 비가 왔다가 금방 그치는 걸 보니 오늘은 날씨 (　　)이/가 심하다.

① 변경　　② 변화　　③ 별명　　④ 별일

(7) 나는 그녀를 처음 본 순간 첫눈에 (　　).

① 반했다　　② 밝혔다　　③ 밟았다　　④ 벗겼다

4. 다음 두 단어의 관계가 나머지 셋과 다른 것을 고르세요.

(1)
① 벌 – 상   ② 반납 – 대여
③ 반복 – 되풀이   ④ 방해 – 도움

(2)
① 밉다 – 좋다   ② 반하다 – 빠지다
③ 벗기다 – 입히다   ④ 배웅하다 – 마중하다

5. 다음 (   ) 안에 공통적으로 들어갈 단어를 고르세요.

(1)
친구들이 저를 부를 때 이름보다 (   )을 불러요.
온라인 카페에서는 실명은 사용하지 않고 (   )을 사용해요.

① 바탕   ② 방식   ③ 별명   ④ 별일

(2)
정부는 경제 (   )을 위해 노력하고 있다.
사회가 (   )하면서 문제점도 나타나고 있다.

① 반복   ② 발명   ③ 발전   ④ 발행

6. 다음 단어 중에서 보기 의 단어와 관계가 없는 것을 고르세요.

(1) 보기 벌금

① 내다   ② 묶다   ③ 물다   ④ 물리다

(2) 보기 벌

① 받다   ② 주다   ③ 내리다   ④ 올리다

(3) 보기 법

① 만들다   ② 밝히다   ③ 어기다   ④ 지키다

10일차

7. 다음 단어를 보고 연상되는 단어를 보기 에서 고르세요.

보기		발급	발행	배치	

(1) 책   도서   잡지   → _____
(2) 가구   자리   좌석   → _____
(3) 비자   학생증 여권   → _____

8. 다음 (   ) 안에 가장 알맞은 단어를 보기 에서 골라서 문장을 완성하세요.

보기	밟다	밝히다

(1) 밤새 전등을 (   ) 책을 읽었어요.
(2) 어젯밤 운전하는데 갑자기 아이가 나타나서 브레이크를 (   ).

9. 이것은 무엇입니까? 다음을 읽고 내용에 맞는 단어를 보기 에서 고르세요.

보기	미소	바탕	범죄

(1) 기초나 근본을 말합니다.
    이것은 (   )입니다.

(2) 법을 어기고 죄를 저지르는 것을 말합니다.
    이것은 (   )입니다.

(3) 소리 없이 웃는 것을 말합니다. 이 표정을 보면 기분이 좋아집니다.
    이것은 (   )입니다.

11일차 연습 ①

결과 ○ 24개 이상 ▲ ○ 23개 이하 ▼
이렇게 하세요. 연습 2로 go! 다시 한번 암기~!

쓰면서 외워 봅시다. 외운 단어에는 ◯ 해 보세요.

번호	한국어	의미	연습하기
①	보고서 [명]		보고서
2	보관 [명]		
3	보람 [명]		
4	보험 [명]		
5	보호 [명]		
6	복도 [명]		
7	복용 [명]		
8	본인 [명]		
9	볼거리 [명]		
10	볼일 [명]		
11	봉사 [명]		
12	부담 [명]		
13	부러워하다 [동]		
14	부러지다 [동]		
15	부리다 [동]		
16	분리하다 [동]		
17	분명히 [부]		
18	분실하다 [동]		
19	불규칙하다 [형]		
20	불균형 [명]		
21	불만 [명]		
22	불만족스럽다 [형]		
23	불완전하다 [형]		
24	불평 [명]		
25	붐비다 [동]		
26	붓다[1] [동]		
27	붓다[2] [동]		
28	비비다 [동]		
29	비상구 [명]		
30	비용 [명]		

11일차 연습 2

1. 다음 그림과 관계있는 말을 연결하세요.

   (1)  • • ① 물을 부어요.

   (2)  • • ② 거리가 붐벼요.

   (3)  • • ③ 비상구로 나가요.

2. 다음 그림을 보고 문장을 완성하세요.

   (1)  태풍 때문에 나무가 _____ (-았/었어요).

   (2)  자기 전에 라면을 먹어서 얼굴이 _____ (-았/었어요).

   (3)  비빔밥은 이렇게 _____ (-아/어서) 먹으면 맛있어요.

3. 다음 ( ) 안에 가장 알맞은 단어를 고르세요.

(1) 우리 회사에 지원하려면 (　　　)이/가 직접 와서 서류를 제출하셔야 합니다.

① 본인　　② 부모　　③ 부부　　④ 부인

(2) 일은 많이 시키면서 월급은 적게 준다고 (　　　)을 했다.

① 부담　　② 불만　　③ 불평　　④ 비용

(3) 이번 사고의 원인을 (　　　) 밝혀서 모두에게 알려야 한다.

① 굉장히　　② 꾸준히　　③ 다행히　　④ 분명히

(4) 음식을 냉장고에 넣으면 더 오래 (　　　) 수 있다.

① 보관할　　② 보호할　　③ 복용할　　④ 부담할

(5) 혹시 약을 (　　　) 후에 문제가 생기면 바로 병원으로 오세요.

① 보호한　　② 복용한　　③ 부담한　　④ 불평한

(6) (　　　) 식생활은 건강을 해치기 쉽다.

① 복잡한　　② 불가능한　　③ 불규칙한　　④ 불완전한

(7) 그는 내성적이라서 나의 긍정적이고 밝은 성격을 (　　　).

① 변경한다　　② 분리한다　　③ 분실한다　　④ 부러워한다

(8) 주문한 상품을 직접 받아 보니 (　　　) 반품을 했다.

① 불가능해서　　② 불규칙해서　　③ 불완전해서　　④ 불만족스러워서

11일차

4. 다음 두 단어가 서로 어울리지 <u>않는</u> 것을 고르세요.

(1)
① 볼일 – 보다 ② 부담 – 가지다
③ 비용 – 걸리다 ④ 불균형 – 이루다

(2)
① 보험 – 붐비다 ② 보험 – 가입하다
③ 보고서 – 작성하다 ④ 보고서 – 제출하다

5. 다음 (   ) 안에 공통적으로 들어갈 단어를 고르세요.

(1)
하루 종일 서 있었더니 다리가 (   ).
주전자에 물을 가득 (   ) 끓였다.

① 맞다 ② 벗다 ③ 붓다 ④ 빗다

(2)
이것도 저것도 다 자기가 갖겠다고 욕심을 (   ).
아이가 학교에 안 가겠다고 고집을 (   ).

① 반하다 ② 부리다 ③ 붐비다 ④ 세우다

6. 다음 밑줄 친 부분과 비슷한 의미의 단어를 고르세요.

(1)
세일 기간이라서 쇼핑하러 온 손님들 때문에 백화점이 매우 <u>복잡했다</u>.

① 반했다 ② 부렸다 ③ 붐볐다 ④ 비볐다

(2)
남학생 숙소와 여학생 숙소는 층별로 따로 <u>나누어</u> 놓았어요.

① 발급해 ② 발달해 ③ 봉사해 ④ 분리해

(3)
어제 집으로 돌아오는 지하철 안에서 휴대폰을 <u>잃어버렸어요</u>.

① 떠올랐어요 ② 물러났어요 ③ 부러졌어요 ④ 분실했어요

7. 다음 단어 중에서 보기의 단어와 관계가 <u>없는</u> 것을 고르세요.

(1) | 보기 | 하다 |

① 보관   ② 보호   ③ 복도   ④ 복용

(2) | 보기 | 보람 |

① 되다   ② 있다   ③ 하다   ④ 느끼다

8. 다음 (   ) 안에 가장 알맞은 단어를 보기에서 고르세요.

| 보기 | 봉사   부담   불만   불균형 |

(1) 지나친 친절은 오히려 상대방에게 (   )을/를 줄 수 있다.
(2) 내 친구는 입만 열면 (   )을/를 말해서 이제는 듣는 것도 힘들다.
(3) 도시와 지방의 경제 (   ) 때문에 도시에 인구가 더 집중되고 있다.
(4) 주말에는 어려운 이웃에게 무료로 식사를 제공하는 (   )을/를 하고 있다.

9. 이것은 무엇입니까? 다음을 읽고 내용에 맞는 단어를 보기에서 고르세요.

| 보기 | 보람   보험   볼거리 |

(1) 사람들이 즐겁게 구경할 만한 물건이나 일을 말합니다.
　　이것은 (   )입니다.

(2) 어떤 일을 한 뒤에 얻어지는 좋은 결과나 만족감, 또는 자랑스러운 느낌을 말합니다.
　　이것은 (   )입니다.

(3) 사고가 발생하거나 위험한 일이 생겼을 때를 대비해서 사람들이 미리 일정한 돈을 모아 두었다가 보상받는 것을 말합니다.
　　이것은 (   )입니다.

12일차 연습 ①

결과 ○ 24개 이상 ▲ 이렇게 하세요. 연습 2로 응! ○ 23개 이하 ▼ 다시 한번 암기~!

쓰면서 외워 봅시다. 외운 단어에는 ○ 해 보세요.

번호	한국어	의미	연습하기
①	비키다 동		비키다
2	빌다 동		
3	빗다 동		
4	빠지다 동		
5	빨다 동		
6	뺏다 동		
7	뿌리 명		
8	뿌리다 동		
9	삐다 동		
10	사건 명		
11	사교적 명		
12	사라지다 동		
13	사물 명		
14	사용법 명		
15	사회적 관, 명		
16	삭제 명		
17	산업 명		
18	살아나다 동		
19	살인 명		
20	살짝 부		
21	살찌다 동		
22	살펴보다 동		
23	삶 명		
24	삶다 동		
25	상관없다 형		
26	상담 명		
27	상대방 명		
28	상식 명		
29	상영 명		
30	상점 명		

12일차 연습 2

1. 다음 그림과 관계있는 말을 연결하세요.

(1)  • • ① 뿌리가 깊어요.

(2)  • • ② 사탕을 빨아요.

(3)  • • ③ 상점이 많아요.

2. 다음 그림을 보고 문장을 완성하세요.

(1)  저는 옛날보다 많이 _____(-았/었어요).

(2)  이 영화관에서는 공포 영화를 _____ 중이에요.

(3)  얼마 전에 이곳에서 _____ 사건이 발생했대요.

3. 다음 ( ) 안에 가장 알맞은 단어를 고르세요.

(1) 선생님과 진로에 대해 ( )을/를 하려고 한다.

① 삶　　② 사물　　③ 삭제　　④ 상담

(2) ( ) 미소를 짓는 그녀의 모습이 너무 아름다웠다.

① 깜빡　　② 꼼짝　　③ 널리　　④ 살짝

(3) 그는 단정하게 머리를 ( ) 양복을 입었다.

① 벗고　　② 빗고　　③ 뺏고　　④ 베고

(4) 선생님은 내가 보고 있던 만화책을 ( ) 가셨다.

① 벗어　　② 빗어　　③ 뺏어　　④ 베어

(5) 돼지고기를 푹 ( ) 김치하고 먹으면 정말 맛있다.

① 벗겨서　　② 빠져서　　③ 뿌려서　　④ 삶아서

(6) 그는 오늘 중요한 약속이 있는지 향수를 ( ) 나갔다.

① 비키고　　② 빠지고　　③ 뿌리고　　④ 살찌고

(7) 계단을 급하게 내려오다가 발목을 살짝 ( ).

① 비켰다　　② 빗었다　　③ 뺏었다　　④ 베었다

(8) 경찰은 버스를 멈추고 버스에 탄 사람들을 하나하나 ( ).

① 사라졌다　　② 살아났다　　③ 부러워했다　　④ 살펴보았다

TOPIK II

4. 다음 보기 의 단어와 어울리지 <u>않는</u> 단어를 고르세요.

(1) **보기**　　　　　　　　　산업

　① 개발하다　② 발전하다　③ 보호하다　④ 분실하다

(2) **보기**　　　　　　　　　상식

　① 벗어나다　② 부러지다　③ 부족하다　④ 풍부하다

5. 다음 밑줄 친 부분과 반대되는 의미의 단어를 고르세요.

(1) 캠핑을 하려고 겨우 불을 피웠는데 갑자기 비가 오는 바람에 <u>꺼져</u> 버렸다.

　① 삶다　② 살아나다　③ 생각나다　④ 수리하다

(2) 오랫동안 연락이 끊긴 친구가 갑자기 <u>나타났어요</u>.

　① 살찌다　② 사라지다　③ 살펴보다　④ 서두르다

6. 다음 (　) 안에 공통적으로 들어갈 단어를 고르세요.

(1) 부모님이 행복하게 사시기를 (　　).
　추석 때 보름달을 보면서 소원을 (　　) 이루어진다고 한다.

　① 빌다　② 빗다　③ 뺏다　④ 삐다

(2) 출석부에 제 이름이 (　　) 있어요.
　이번 행사에 참석하지 못하고 (　　) 돼서 죄송해요.

　① 빨다　② 비키다　③ 빠지다　④ 뿌리다

12일차

7. 다음 단어를 보고 연상되는 단어를 보기 에서 고르세요.

| 보기 | | 빗다 | 뿌리다 | 살찌다 |

(1) 향수   물   씨   → _____
(2) 머리   빗   강아지 털   → _____
(3) 다이어트   몸무게   과식   → _____

8. 다음 밑줄 친 부분과 비슷한 의미의 단어를 고르세요.

(1) 당황하는 바람에 질문에 <u>관계없는</u> 대답을 하고 말았어요.

① 관심없는   ② 상관없는   ③ 소용없는   ④ 필요없는

(2) 길을 걷고 있는데 오토바이가 달려와서 옆으로 <u>피했어요</u>.

① 벗겼어요   ② 비볐어요   ③ 비켰어요   ④ 뿌렸어요

9. 다음 ( ) 안에 가장 알맞은 단어를 보기 에서 고르세요.

| 보기 | 사교적 | 사용법 | 사회적 | 상대방 |

(1) 제 친구는 (   )이라서 친구들이 정말 많아요.
(2) 세탁기 (   )이 여기 붙어 있으니 한번 보세요.
(3) 지나친 친절은 오히려 (   )을 불편하게 할 수 있다.
(4) 외모를 중시하는 (   ) 분위기는 바뀌어야 한다고 생각해요.

13일차 연습 ❶

결과 ○ 24개 이상 ▲ / ○ 23개 이하 ▼

쓰면서 외워 봅시다. 외운 단어에는 ○ 해 보세요.

번호	한국어	의미	연습하기
①	상태 명		상태
2	상하다 동		
3	상황 명		
4	생활비 명		
5	생활용품 명		
6	서투르다 형		
7	선약 명		
8	설명서 명		
9	설문 명		
10	성별 명		
11	성실하다 형		
12	성인 명		
13	세다 동		
14	세련되다 형		
15	세월 명		
16	소감 명		
17	소나기 명		
18	소독 명		
19	소문 명		
20	소원 명		
21	소화 명		
22	속담 명		
23	속상하다 형		
24	솜씨 명		
25	송별회 명		
26	수다 명		
27	수단 명		
28	수도 명		
29	수량 명		
30	수리 명		

13일차 연습 2

1. 다음 그림과 관계있는 말을 연결하세요.

   (1)    •   • ① 솜씨가 좋아요.

   (2)    •   • ② 생활용품을 샀어요.

   (3)    •   • ③ 설명서를 읽어야 해요.

2. 다음 그림을 보고 문장을 완성하세요.

   (1)

   아까는 맑았는데 갑자기 _____(이/가) 내리고 있어요.

   (2)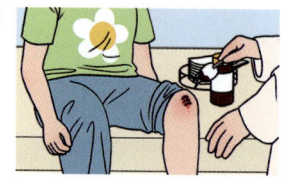

   배고파서 급하게 먹었더니 _____(이/가) 안돼요.

   (3) 다친 상처를 깨끗하게 씻고 _____(-아/어야 돼요).

3. 다음 ( ) 안에 가장 알맞은 단어를 고르세요.

(1) 벌써 10년이라는 ( )이 흘렀지만 이곳은 하나도 안 변했다.

① 사건　　② 생활　　③ 세월　　④ 수량

(2) 오랜만에 고향에 돌아온 ( )이 어떤지 말씀해 주세요.

① 상담　　② 소감　　③ 소문　　④ 속담

(3) 이렇게 경제가 어려운 ( )에서는 서로 함께 도와야 합니다.

① 상식　　② 상영　　③ 상황　　④ 선약

(4) 남녀 100명을 대상으로 취미생활에 대해서 ( ) 조사를 했다.

① 상태　　② 설문　　③ 성별　　④ 성인

(5) 친구는 요리 ( )이/가 뛰어나서 만드는 요리가 다 맛있다.

① 설명　　② 소독　　③ 소화　　④ 솜씨

(6) 친구하고 ( )을/를 떨다 보면 시간 가는 줄 모른다.

① 소원　　② 수다　　③ 수단　　④ 수리

(7) 회사를 그만두는 동료를 위해 ( )을/를 마련했다.

① 결혼식　　② 데이트　　③ 송별회　　④ 집들이

(8) 그는 지각이나 결석을 한 번도 하지 않은 매우 ( ) 학생이다.

① 서투른　　② 성실한　　③ 세련된　　④ 속상한

13 일차

4. 다음 보기 의 단어와 어울리지 않는 단어를 고르세요.

(1) 보기 소문

① 나다   ② 내다   ③ 떨다   ④ 퍼지다

(2) 보기 생활비

① 들다   ② 벌다   ③ 걸리다   ④ 필요하다

5. 다음 밑줄 친 부분과 반대되는 의미의 단어를 고르세요.

(1) 운전을 시작한 지 벌써 10년이 지나서 이제는 조금 <u>익숙해졌어요</u>.

① 슬프다   ② 서투르다   ③ 시원하다   ④ 싫어하다

(2) 친구를 만나려고 힘껏 꾸몄더니 오히려 너무 <u>촌스러워</u> 보였다.

① 상관없다   ② 성실하다   ③ 세련되다   ④ 속상하다

6. 다음 밑줄 친 부분과 비슷한 의미의 단어를 고르세요.

(1) 아무리 노력해도 살이 안 빠져서 마지막 <u>방법</u>으로 밥을 굶기 시작했다.

① 사건   ② 상태   ③ 소원   ④ 수단

(2) 그 사람이 나의 마음을 몰라 줘서 <u>마음이 아팠다</u>.

① 성실했다   ② 소독했다   ③ 속상했다   ④ 수리했다

(3) 세탁기가 고장 나서 <u>고치려고</u> 서비스 센터에 연락했다.

① 근무하려고   ② 떠오르려고   ③ 수리하려고   ④ 수집하려고

7. 다음 (　　) 안에 공통적으로 들어갈 단어를 고르세요.

(1)
> 모임에 참석한 사람이 몇 명인지 (　　　) 보세요.
> 내 친구는 힘이 (　　　) 싸움도 잘 한다.

① 붓다　　② 빼다　　③ 세다　　④ 쓰다

(2)
> 음식을 깜빡하고 냉장고에 안 넣었더니 (　　　) 버렸다.
> 친구는 농담이라고 했지만 나는 기분이 (　　　) 같이 있기 싫었다.

① 나쁘다　　② 낯설다　　③ 부럽다　　④ 상하다

8. 다음 (　　) 안에 가장 알맞은 단어를 보기 에서 고르세요.

> 보기　　　수도　　소원　　소화

(1) 할머니께서는 (　　　)이/가 잘되는 음식을 드셔야 합니다. 그래서 음식도 천천히 드십니다.
(2) 서울은 한국의 (　　　)입니다. 그래서 서울은 경제와 교육이 매우 발달되어 있고 인구도 제일 많습니다.
(3) 제 (　　　)은/는 가족들과 건강하고 행복하게 사는 것입니다. 그래서 매일 열심히 살면서 노력하고 있습니다.

9. 다음 (　　) 안에 알맞은 단어를 보기 에서 골라서 문장을 완성하세요.

> 보기　　성인　　세월　　수다　　서투르다　　속상하다

> 저는 올해 20살이 되었고 모든 걸 혼자 결정할 수 있는 (　　　)이/가 되었습니다. 어른이 되어서 자유로운 것이 좋기도 하지만 모든 것을 스스로 책임을 져야 해서 마음이 조금 무겁습니다. 그래서 이제는 친구들과 (　　　)을/를 떠는 것보다 미래의 일에 관심이 더 생깁니다. 얼마 전에 일을 새로 시작했는데 아직은 (　　　) 실수를 많이 합니다. 실수를 할 때마다 조금 (　　　) 더 나아질 거라고 생각하고 열심히 배우면서 일하고 있습니다. (　　　)이/가 흘러서 나이가 많아지면 지금과는 다른 모습이 되어 있을 거라고 기대해 봅니다.

14 일차 연습

결과 ○ 24개 이상 ▲   ○ 23개 이하 ▼
이렇게 하세요.   연습 2로 응!   다시 한번 암기~!

쓰면서 외워 봅시다. 외운 단어에는 해 보세요.

번호	한국어	의미	연습하기
①	수면 명		수면
2	수선 명		
3	수수료 명		
4	수입¹ 명		
5	수입² 명		
6	수정 명		
7	수집하다 동		
8	수출 명		
9	숙박 명		
10	숙소 명		
11	순간 명		
12	숨다 동		
13	쉬다 동		
14	습기 명		
15	습도 명		
16	습하다 형		
17	승진 명		
18	승차 명		
19	시기 명		
20	시대 명		
21	시설 명		
22	식료품 명		
23	식비 명		
24	식중독 명		
25	식품점 명		
26	식후 명		
27	식히다 동		
28	신고 명		
29	신기하다 형		
30	신나다 동		

14일차 연습 2

1. 다음 그림과 관계있는 말을 연결하세요.

(1)  • • ① 옷장 안에 숨었어요.

(2)  • • ② 식료품 가게가 있어요.

(3)  • • ③ 학교 버스에 승차해요.

2. 다음 그림을 보고 문장을 완성하세요.

(1)  제 취미는 우표를 _____ (–는) 거예요.

(2)  _____ (이/가) 깨끗하고 시설도 좋아요.

(3) 불이 났을 때 119에 _____ (–아/어야 돼요).

3. 다음 ( ) 안에 가장 알맞은 단어를 고르세요.

(1) 건강을 위해서는 충분한 (　　) 을 취해야 한다.

① 수면　　② 수출　　③ 순간　　④ 승진

(2) 어려서 사회성을 길러야 할 (　　)를 놓치면 나이가 들어서 힘들어진다.

① 시계　　② 시기　　③ 시내　　④ 시대

(3) 스트레스를 받으면 노래방에서 목이 (　　) 정도로 크게 노래를 부른다.

① 살　　② 셀　　③ 쉴　　④ 숨을

(4) 눈앞에서 사람이 갑자기 사라지는 (　　) 마술을 구경했다.

① 습한　　② 신기한　　③ 심각한　　④ 싱싱한

(5) 내일 친구들하고 놀이공원에 가서 (　　) 놀기로 했다.

① 불나게　　② 신나게　　③ 열나게　　④ 화나게

(6) 가방끈이 끊어졌는데 내가 좋아하는 가방이라서 (　　) 쓰려고 한다.

① 수선해서　　② 수정해서　　③ 수집해서　　④ 승진해서

(7) 과장님께 월말 보고서를 제출했는데 오타가 있어서 (　　) 한다.

① 수리해야　　② 수입해야　　③ 수정해야　　④ 수집해야

(8) 도둑이 집에 들어왔을 때에는 경찰에 빨리 (　　) 한다.

① 수선해야　　② 숙박해야　　③ 승차해야　　④ 신고해야

4. 다음 단어 중에서 보기 의 단어와 관계가 없는 것을 고르세요.

(1) 보기　　　　　　　　　　　날씨

① 습기　　② 습도　　③ 습하다　　④ 식히다

(2) 보기　　　　　　　　　　　음식

① 수수료　　② 식료품　　③ 식중독　　④ 식품점

5. 다음 밑줄 친 부분과 반대되는 의미의 단어를 고르세요.

(1) 국이 식어서 따뜻하게 데우려고 전자레인지에 넣고 돌렸다.

① 비키다　　② 식히다　　③ 신나다　　④ 실리다

(2) 환절기에는 날씨가 건조해서 산불이 나지 않도록 조심해야 한다.

① 상하다　　② 습하다　　③ 성실하다　　④ 속상하다

(3) 한국의 전자 제품을 수입하려는 나라가 점점 늘고 있다.

① 수면하다　　② 수집하다　　③ 수출하다　　④ 지출하다

6. 다음 (　　) 안에 공통적으로 들어갈 단어를 고르세요.

(1) 이번 달에는 쉬는 날이 많아서 (　　)이/가 줄어들었다.
올해는 수출에 비해서 (　　)이/가 많이 증가했다.

① 수입　　② 숙박　　③ 시설　　④ 식비

(2) 소리를 너무 크게 질러서 목소리가 (　　) 버렸다.
공기가 너무 안 좋아서 숨을 (　　) 힘들다.

① 세다　　② 쉬다　　③ 식다　　④ 신다

7. 다음 단어를 보고 연상되는 단어를 보기 에서 고르세요.

보기	수선	숙박	신고	수수료

(1) 옷　　　구두　　　가방　　→ _____
(2) 경찰　　도둑　　　살인　　→ _____
(3) 숙소　　여행　　　민박　　→ _____
(4) 은행　　카드　　　송금　　→ _____

8. 다음 밑줄 친 부분과 비슷한 의미의 단어를 고르세요.

(1) 책을 출판하기 전에는 오타를 확인한 후에 <u>고치는</u> 과정을 거쳐야 한다.

① 수리하는　　② 수선하는　　③ 수술하는　　④ 수정하는

(2) 나는 모양이 특이한 모자를 <u>모으는</u> 취미를 가지고 있다.

① 수입하는　　② 수집하는　　③ 수출하는　　④ 승진하는

9. 다음 ( ) 안에 가장 알맞은 단어를 보기 에서 고르세요.

보기	순간	시설	식후	식중독

(1) 상한 음식을 먹고 (　　　)에 걸려서 병원에 입원을 했다.
(2) 이 건물은 지은 지 오래돼서 (　　　)이/가 별로 좋지 않다.
(3) 이 약은 빈속에 먹으면 안 되니 (　　　) 30분 뒤에 드셔야 합니다.
(4) 그는 좋아한다는 고백을 듣는 (　　　) 당황스러워 어쩔 줄을 몰랐다.

15 일차 연습 ①

쓰면서 외워 봅시다. 외운 단어에는 ◯ 해 보세요.

번호	한국어	의미	연습하기
①	신분 명		신분
2	신용 명		
3	신입 명		
4	신청서 명		
5	신체 명		
6	신혼 명		
7	실내 명		
8	실력 명		
9	실리다 동		
10	실망 명		
11	실제로 부		
12	실종 명		
13	실컷 부		
14	싫증 명		
15	심각하다 형		
16	싱싱하다 형		
17	쌓이다 동		
18	썩다 동		
19	쏟다 동		
20	쏟아지다 동		
21	쓰이다 동		
22	쓸다 동		
23	아끼다 동		
24	아쉽다 형		
25	안부 명		
26	안색 명		
27	안정 명		
28	알려지다 동		
29	알아내다 동		
30	알아듣다 동		

15일차 연습 2

1. 다음 그림과 관계있는 말을 연결하세요.

(1)  • • ① 아이가 실종됐어요.

(2)  • • ② 낙엽을 쓸고 있어요.

(3)  • • ③ 메시지가 쓰여 있어요.

2. 다음 그림을 보고 문장을 완성하세요.

(1)

가: _____(이/가) 안 좋아 보이네요. 무슨 일 있어요?
나: 아니요. 아무 일도 없어요.

(2)

책상 위에 책들이 많이 _____ (-아/어 있네요).

(3) 물이 _____ (-아/어서) 책이 모두 젖었어요.

3. 다음 ( ) 안에 가장 알맞은 단어를 고르세요.

(1) 군인은 ( )가 건강해야 나라도 잘 지킬 수 있다.

① 신부　　② 신체　　③ 실내　　④ 실수

(2) 이곳에 들어가려면 먼저 경찰에게 ( ) 확인을 받아야 한다.

① 신분　　② 신용　　③ 신입　　④ 실종

(3) 장학금을 받으려면 여기 ( )을/를 작성해서 제출해야 한다.

① 수수료　　② 식료품　　③ 식중독　　④ 신청서

(4) 학교 신문에 우리 반 친구의 인터뷰 기사가 ( ).

① 들렸다　　② 모였다　　③ 실렸다　　④ 썩었다

(5) 이 노래는 대중가요로서 일반 대중들에게 많이 ( ) 노래이다.

① 알려준　　② 알려진　　③ 알아낸　　④ 알아들은

(6) 맑았던 하늘이 갑자기 어두워지더니 소나기가 ( ) 시작했다.

① 아끼기　　② 쌓이기　　③ 안정되기　　④ 쏟아지기

(7) 경찰은 그 사람이 숨어 있는 곳을 ( ) 위해 그 가족을 감시했다.

① 알려주기　　② 알려지기　　③ 알아내기　　④ 알아듣기

(8) 최근 늘어나는 인구로 인해 식량 문제가 매우 ( ).

① 성실하다　　② 신기하다　　③ 신선하다　　④ 심각하다

15일차

4. 다음 ( )에 들어갈 수 없는 단어를 고르세요.

(1) ( )을 아끼다.

① 시간　② 안색　③ 자식　④ 자연

(2) 실력이 ( ).

① 대단하다　② 뛰어나다　③ 성실하다　④ 우수하다

5. 다음 ( ) 안에 공통적으로 들어갈 단어를 고르세요.

(1) 생선이 ( ) 아주 심한 냄새가 난다.
돈이면 다 해결되는 정치판은 정말 ( ).

① 싸다　② 썩다　③ 씹다　④ 씻다

(2) 어머니는 자식에게 관심과 사랑을 ( ).
라면을 먹고 남은 국물을 싱크대에 ( ) 버렸다.

① 쌓다　② 쏟다　③ 쓰다　④ 쓸다

6. 다음 밑줄 친 부분과 비슷한 의미의 단어를 고르세요.

(1) 사람에 대한 <u>믿음</u>을 잃으면 그 사람과의 관계는 좋아질 수 없다.

① 신용　② 실력　③ 실망　④ 싫증

(2) 오랫동안 살았던 고향을 떠나려고 하니 너무 <u>섭섭하다</u>.

① 아쉽다　② 신기하다　③ 심각하다　④ 싱싱하다

(3) 그는 성공하지 못했지만 <u>절망하지</u> 않고 다시 용기를 냈다.

① 소원하지　② 실망하지　③ 실종되지　④ 희망하지

7. 다음 단어를 보고 연상되는 단어를 보기 에서 고르세요.

보기		신혼	실종	안정	

(1)	결혼	부부	여행	→ _____
(2)	환자	불안	편안함	→ _____
(3)	사건	신고	사라지다	→ _____

8. 다음 밑줄 친 부분과 반대되는 의미의 단어를 고르세요.

(1) 저는 친구하고 수다를 떨면 스트레스가 다 <u>풀려요</u>.

① 썩다   ② 쏟다   ③ 쌓이다   ④ 쓰이다

(2) 꽃에 오랫동안 물을 주지 않았더니 <u>시들어서</u> 말라 있었다.

① 습하다   ② 속상하다   ③ 심각하다   ④ 싱싱하다

9. 다음 (   ) 안에 가장 알맞은 단어를 보기 에서 고르세요.

보기	실컷	싫증	안부	실제로

(1) 매일 똑같은 일을 하다 보니 (   )이/가 나기 시작했다.
(2) 이왕 시내에 나왔으니까 (   ) 구경이나 하고 들어가자.
(3) 꿈속에서 만났던 사람을 (   ) 현실에서 만난다면 인연일까?
(4) 친구가 부모님 (   )을/를 물어서 건강하시다고 말해 주었다.

16일차 연습 ①

결과 ○ 24개 이상 ▲ 이렇게 하세요. 연습 2로 웅이! ○ 23개 이하 ▼ 다시 한번 암기~!

쓰면서 외워 봅시다. 외운 단어에는 ○ 해 보세요.

번호	한국어	의미	연습하기
①	암 [명]		암
2	앞날 [명]		
3	애완동물 [명]		
4	야경 [명]		
5	야근 [명]		
6	야외 [명]		
7	약품 [명]		
8	양념 [명]		
9	양보 [명]		
10	양식 [명]		
11	어기다 [동]		
12	어느새 [부]		
13	어지럽다 [형]		
14	얼룩 [명]		
15	얼른 [부]		
16	업다 [동]		
17	업무 [명]		
18	없애다 [동]		
19	없어지다 [동]		
20	여가 [명]		
21	여기다 [동]		
22	여유롭다 [형]		
23	역할 [명]		
24	연구 [명]		
25	연기 [명]		
26	연기하다 [동]		
27	연장 [명]		
28	연하다 [형]		
29	열리다 [동]		
30	영리하다 [형]		

 **연습 2**

1. 다음 그림과 관계있는 말을 연결하세요.

(1)  • • ① 약품이 많아요.

(2)  • • ② 양념이 많아요.

(3) 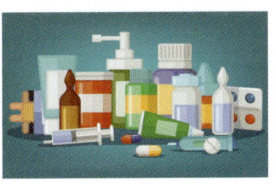 • • ③ 얼룩이 많아요.

2. 다음 그림을 보고 문장을 완성하세요.

(1)  엄마가 아이를 _____ (-고 있어요).

(2)  술을 마셔서 머리가 _____ (-아/어요).

(3)  문이 활짝 _____ (-아/어 있어요).

3. 다음 (   ) 안에 가장 알맞은 단어를 고르세요.

(1) 전시회를 못 볼 줄 알았는데 날짜가 조금 (   )이 돼서 보게 됐어요.

① 앞날　　② 연락　　③ 연습　　④ 연장

(2) 우리 회사는 월급은 많은데 (   )이/가 많아서 힘들어요.

① 야구　　② 야경　　③ 야근　　④ 약국

(3) 이력서와 자기소개서는 회사 (   )에 맞게 써 주십시오.

① 약속　　② 양식　　③ 얼굴　　④ 얼룩

(4) 결과는 좋지 않았지만 저는 제 (   )에 최선을 다했습니다.

① 약품　　② 역사　　③ 역할　　④ 연결

(5) 우주여행에 대한 (   )는 전 세계에서 계속 진행하고 있다.

① 양보　　② 여가　　③ 연구　　④ 연기

(6) 나는 열심히 하면 밝은 미래가 올 것이라고 (   ).

① 어긴다　　② 없앤다　　③ 여긴다　　④ 열린다

(7) 그 아이는 똑똑하고 (   ) 선생님의 질문에 잘 대답했다.

① 연해서　　② 영리해서　　③ 어지러워서　　④ 여유로워서

4. 다음 밑줄 친 부분과 비슷한 의미의 단어를 고르세요.

(1)
> 남자친구가 자꾸 약속을 <u>지키지 않아서</u> 너무 속상해요.

① 어겨서　　② 없애서　　③ 열려서　　④ 연구해서

(2)
> 상사의 말이 진심이라고 <u>생각했는데</u> 거짓이었다.

① 업었는데　　② 여겼는데　　③ 없어졌는데　　④ 연기했는데

5. 다음 단어와 관계가 있는 동사를 　보기　에서 고르세요.

보기	업다	열리다	연기하다

(1)	등	엄마	아이	→ _____
(2)	문	창문	가방	→ _____
(3)	약속	발표	결혼	→ _____

6. 다음 단어를 보고 연상되는 단어를 　보기　에서 고르세요.

보기	암	앞날	여가	애완동물

(1)	미래	앞길	계획	→ _____
(2)	병원	치료	병	→ _____
(3)	휴식	시간	취미	→ _____
(4)	강아지	고양이	거북이	→ _____

16일차

7. 다음 ( ) 안에 가장 알맞은 단어를 보기 에서 고르세요.

> 보기   얼른   어느새

(1) (   ) 아이의 엄마가 됐다. 세월이 참 빠르다.
(2) 어렸을 때는 (   ) 어른이 되고 싶다고 생각했다.

8. 다음 단어 중에서 보기 의 단어와 관계가 <u>없는</u> 것을 고르세요.

(1) 보기   얼룩

① 묻다   ② 얼다   ③ 지다   ④ 없애다

(2) 보기   암

① 나다   ② 낫다   ③ 걸리다   ④ 치료하다

(3) 보기   양념

① 되다   ② 하다   ③ 만들다   ④ 여기다

9. 다음 ( ) 안에 알맞은 단어를 보기 에서 골라서 문장을 완성하세요.

> 보기   야경   야외   업무   여가   여유롭다

요즘 (   ) 때문에 스트레스를 많이 받아서 힘들었다. 그래서 주말에 동료와 함께 (   ) 시간을 보내기로 했다. 동료는 요즘 날씨가 좋으니까 (   ) 으로/로 나가자고 했다. 우리는 한강 공원에 가서 낮에는 자전거를 타고 밤에는 (   )을/를 구경하기로 했다. 주말을 (   ) 보낼 수 있을 것 같다.

17일차 연습 ①

결과 ○ 24개 이상 ▲ ○ 23개 이하 ▼

쓰면서 외워 봅시다. 외운 단어에는 ○ 해 보세요.

번호	한국어	의미	연습하기
①	영상 명		영상
2	영양 명		
3	영웅 명		
4	영원히 부		
5	영향 명		
6	예방 명		
7	예보 명		
8	예상 명		
9	예의 명		
10	예측 명		
11	예컨대 부		
12	오해 명		
13	온 관		
14	올려놓다 동		
15	올바르다 형		
16	옮기다 동		
17	옷차림 명		
18	완성 명		
19	왕복 명		
20	외교 명		
21	외모 명		
22	외박 명		
23	외부 명		
24	외식 명		
25	용기 명		
26	용돈 명		
27	용품 명		
28	우선 부		
29	우수 명		
30	우연히 부		

17일차 연습 2

1. 다음 그림과 관계있는 말을 연결하세요.

(1)  • • ① 예의

(2)  • • ② 예보

(3)  • • ③ 예방

2. 다음 그림을 보고 문장을 완성하세요.

(1)  집안 분위기를 바꾸려고 가구를 _____ (-았/었어요).

(2)  가방을 선반 위에 _____ (-았/었어요).

TOPIK II

3. 다음 (   ) 안에 가장 알맞은 단어를 고르세요.

(1) 건강하게 살려면 (   )을 골고루 섭취해야 한다.

① 영상　　② 영양　　③ 영웅　　④ 영향

(2) 그 사람은 (   )이/가 바르고 성실해요.

① 예매　　② 예보　　③ 예습　　④ 예의

(3) (   )보다 결과가 좋아서 다행이다.

① 예방　　② 예상　　③ 예술　　④ 예약

(4) 바다에 빠진 아이를 구한 그의 (   ) 있는 행동이 대단하다.

① 오해　　② 외교　　③ 용기　　　우수

(5) 그는 아버지와 성격은 다르지만 (   )가 비슷하다.

① 외모　　② 외부　　③ 의미　　④ 의사

(6) 그는 첫 월급을 받고 아버지에게 (   )을 드렸다.

① 외식　　② 용돈　　③ 용품　　④ 옷차림

(7) 저는 외모보다는 생각이 (   ) 사람을 만나고 싶어요.

① 올바른　　② 유명한　　③ 익숙한　　④ 어지러운

(8) 친구가 나를 (   ) 사이가 멀어졌어요.

① 오해해서　　② 외박해서　　③ 외식해서　　④ 올려놓아서

4. 다음 두 단어의 관계가 나머지 셋과 다른 것을 고르세요.

(1)
① 예상 – 예측 ② 오해 – 이해
③ 왕복 – 편도 ④ 완성 – 미완성

(2)
① 우선 – 먼저 ② 옷차림 – 복장
③ 우연히 – 뜻밖에 ④ 올려놓다 – 내려놓다

5. 다음 단어와 관계가 있는 동사를 보기 에서 고르세요.

보기	맞다	받다	하다

(1) 영향 오해 용돈 → _____
(2) 예방 외식 완성 → _____
(3) 예측 예보 예상 → _____

6. 다음 단어 중에서 보기 의 단어와 관계가 없는 것을 고르세요.

(1) 보기 용기
① 내다 ② 주다 ③ 가지다 ④ 옮기다

(2) 보기 영향
① 받다 ② 끼치다 ③ 미치다 ④ 밀치다

(3) 보기 예의
① 받다 ② 바르다 ③ 차리다 ④ 어긋나다

7. 다음 ( ) 안에 공통적으로 들어갈 단어를 고르세요.

(1)
> 아이들은 만화에 나오는 (　　　)의 캐릭터를 좋아한다.
> 그분은 나의 (　　　)이에요/예요. 저는 그분처럼 살고 싶어요.

① 영상　　　② 영웅　　　③ 외모　　　④ 용기

(2)
> 나는 아직 부모님께 (　　　)을 탄다.
> 저는 명절에 친척 어른들께 받은 (　　　)을 모아서 여행을 갈 거예요.

① 왕복　　　② 외박　　　③ 용돈　　　④ 용품

8. 다음 ( ) 안에 가장 알맞은 단어를 보기 에서 고르세요.

> 보기　　온　　　우선　　　영원히　　　예컨대　　　우연히

(1) 저는 이 여행을 (　　　) 잊을 수 없을 것 같아요.
(2) (　　　) 마음을 다해 준비했습니다. 지켜봐 주세요.
(3) (　　　) 이 일부터 마무리한 후에 밥을 먹으러 가자.
(4) (　　　) 들어간 식당이 너무 맛있어서 더 기분이 좋아졌어요.
(5) 많은 사람이 모이는 곳, (　　　) 결혼식장이나 장례식장에서는 예의를 갖춰야 한다.

9. 이것은 무엇입니까? 다음을 읽고 내용에 맞는 단어를 보기 에서 고르세요.

> 보기　　　　영양　　　외교　　　외박

(1) 몸의 성장에 필요한 것을 말합니다.
　　이것은 (　　　)입니다.

(2) 자기 집이 아닌 다른 곳에서 자는 것을 말합니다.
　　이것은 (　　　)입니다.

(3) 다른 나라와 정치나 경제, 문화적 관계를 맺는 일을 말합니다.
　　이것은 (　　　)입니다.

18일차 연습 ①

결과 ◯ 24개 이상 ▲ ◯ 23개 이하 ▼
이렇게 하세요. 연습 2로 ㄱㄱ! 다시 한번 암기~!

쓰면서 외워 봅시다. 외운 단어에는 ◯ 해 보세요.

번호	한국어	의미	연습하기
①	우울하다 [형]		우울하다
2	우정 [명]		
3	우주 [명]		
4	운명 [명]		
5	울리다[1] [동]		
6	울리다[2] [동]		
7	원래 [부], [명]		
8	원인 [명]		
9	웬일 [명]		
10	위하다 [동]		
11	유료 [명]		
12	유물 [명]		
13	유적 [명]		
14	음주 [명]		
15	응급실 [명]		
16	응원 [명]		
17	의견 [명]		
18	의논 [명]		
19	이국적 [관], [명]		
20	이끌다 [동]		
21	이동 [명]		
22	이따 [부]		
23	이력서 [명]		
24	이루다 [동]		
25	이만 [부]		
26	이성[1] [명]		
27	이자 [명]		
28	이하 [명]		
29	익히다[1] [동]		
30	인구 [명]		

연습 2

1. 다음 그림과 관계있는 말을 연결하세요.

(1)    •   • ① 우주

(2)    •   • ② 음주

(3)    •   • ③ 이력서

2. 다음 그림을 보고 문장을 완성하세요.

(1)    전화벨이 _____ (-니까) 전화 좀 받아 주세요.

(2)    형이 동생을 _____ (-았/었어요).

(3)   제가 바라는 일을 꼭 _____ (-고 싶어요).

18 일차

3. 다음 ( ) 안에 가장 알맞은 단어를 고르세요.

(1) 결과가 이렇게 나왔는데 (   )이/가 무엇이라고 생각하세요?

① 내일　　② 원래　　③ 원인　　④ 웬일

(2) 저는 중학교 때 친구와 지금까지 (   )을/를 나누며 지내고 있어요.

① 우리　　② 우정　　③ 우주　　④ 이름

(3) 내가 그를 만난 것은 (   )이라고 생각한다.

① 운동　　② 운명　　③ 응원　　④ 이동

(4) 이 박물관은 개인이 운영하는 곳이라서 (   )입니다.

① 유료　　② 유물　　③ 유적　　④ 유행

(5) 회사에서는 신입 사원의 (   )은/는 잘 들어주지 않았다.

① 음식　　② 음주　　③ 의견　　④ 의논

(6) 나는 (   ) 친구가 별로 많지 않은 편이다.

① 이성　　② 이유　　③ 이자　　④ 이하

(7) 동료가 갑자기 쓰러져서 구급차를 불러 (   )로 옮겼다.

① 강의실　　② 상담실　　③ 연구실　　④ 응급실

(8) 나는 꿈을 (   ) 위해서 최선을 다하고 있다.

① 올리기　　② 이끌기　　③ 이루기　　④ 익히기

4. 다음 두 단어의 관계가 나머지 셋과 다른 것을 고르세요.

   (1)
   ① 유료 – 무료　　　② 의견 – 소견
   ③ 이성 – 동성　　　④ 이하 – 이상

   (2)
   ① 기쁘다 – 우울하다　　② 옮기다 – 이동하다
   ③ 이끌다 – 따라가다　　④ 이루다 – 포기하다

5. 다음 ( ) 안에 공통적으로 들어갈 단어를 고르세요.

   (1)
   동생을 ( ) 형은 엄마에게 혼이 났다.
   아침에 알람이 ( ) 않아서 늦게 일어났어요.

   ① 올리다　　② 외우다　　③ 울리다　　④ 위하다

   (2)
   감독은 팀을 우승으로 ( ) 위해서 최선을 다했다.
   선생님은 아이들을 ( ) 등산을 하러 갔어요.

   ① 이끌다　　② 이루다　　③ 익히다　　④ 일어나다

6. 다음 단어 중에서 보기 의 단어와 관계가 없는 것을 고르세요.

   (1)
   보기 : 우정

   ① 깊다　　② 맺다　　③ 하다　　④ 나누다

   (2)
   보기 : 이력서

   ① 내다　　② 쓰다　　③ 나누다　　④ 보내다

   (3)
   보기 : 의견

   ① 나누다　　② 따르다　　③ 모으다　　④ 치르다

7. 다음 (   ) 안에 가장 알맞은 단어를 보기 에서 고르세요.

> 보기   원래   이따   이만

(1) 지금 바쁘니까 내가 (   ) 전화할게.
(2) 벌써 시간이 이렇게 지났네요. (   ) 끝내고 퇴근합시다.
(3) (   ) 이 정도로 바쁘지는 않은데 요즘 갑자기 일이 많아져서 여유가 없네요.

8. 이것은 무엇입니까? 다음을 읽고 내용에 맞는 단어를 보기 에서 고르세요.

> 보기   유물   응원   의논

(1) 앞의 세대가 남긴 물건을 말합니다.
　　이것은 (   )입니다.

(2) 어떤 일에 대해 서로 의견을 주고받는 것을 말합니다.
　　이것은 (   )입니다.

(3) 운동 경기에서 힘을 낼 수 있도록 도와주는 일을 말합니다.
　　이것은 (   )입니다.

9. 다음 (   ) 안에 알맞은 단어를 보기 에서 골라서 문장을 완성하세요.

> 보기   이동   인구   이국적

　서울에 살고 있는 프랑스인 (   )은/는 약 천 명 정도인데 그중 절반은 서래 마을에 살고 있다. 이곳은 프랑스 식당이나 프랑스 음식을 파는 곳이 많아서 한국인에게는 (   )인 느낌을 주지만, 프랑스 사람들에게는 고향 같은 느낌을 주기 때문이다. 그래서 여기 살기 시작하면 다른 마을로 (   )하는 경우가 적다고 한다.

19일차 연습 ①

결과 ○ 24개 이상 ▲ ○ 23개 이하 ▼
이렇게 하세요. 연습 2로 응! 다시 한번 암기~!

쓰면서 외워 봅시다. 외운 단어에는 ○ 해 보세요.

번호	한국어	의미	연습하기
①	인상[1] 명		인상
2	인생 명		
3	인쇄 명		
4	인심 명		
5	인원 명		
6	일반 명		
7	일부러 부		
8	일상생활 명		
9	일자리 명		
10	일정 명		
11	일출 명		
12	일행 명		
13	입국 명		
14	입맛 명		
15	입장료 명		
16	잇다 동		
17	자격 명		
18	자동 명		
19	자료 명		
20	자세하다 형		
21	자신 명		
22	자유롭다 형		
23	작성 명		
24	잠그다 동		
25	잠기다[1] 동		
26	잡아먹다 동		
27	잡히다 동		
28	장래 명		
29	장례식 명		
30	장마철 명		

19일차 연습 2

1. 다음 그림과 관계있는 말을 연결하세요.

(1)  • • ① 일출

(2) • • ② 입국

(3) • • ③ 장마철

2. 다음 그림을 보고 문장을 완성하세요.

(1)

닭이 호랑이에게 _____ (-았/었어요).

(2)

호랑이가 닭을 _____ (-고 있어요).

(3)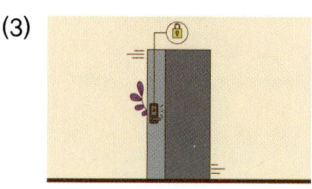

문이 _____ (-아/어 있어요).

3. 다음 ( ) 안에 가장 알맞은 단어를 고르세요.

(1) 제가 자주 가는 식당의 주인은 ( )이 좋아서 서비스도 많이 줘요.
① 이성　　② 인상　　③ 인생　　④ 인심

(2) 정상에 도착하니 같이 출발한 ( )들은 아무도 보이지 않았어요.
① 인구　　② 일상　　③ 일행　　④ 입국

(3) 몸살이 나서 ( )이 없어요.
① 인원　　② 입맛　　③ 입술　　④ 입학

(4) 이 유적지는 다음달부터 ( ) 시민에게 개방될 예정이에요.
① 일반　　② 일출　　③ 입구　　④ 입원

(5) 보고서 ( )을 해야 해서 자료를 찾고 있어요.
① 자격　　② 자동　　③ 자신　　④ 작성

(6) 친구의 할머니가 돌아가셔서 ( )에 다녀왔어요.
① 일자리　　② 입장료　　③ 장례식　　④ 장마철

(7) 아이가 방문을 ( ) 나오지 않았어요.
① 잠그고　　② 잠기고　　③ 잡히고　　④ 잡아먹고

(8) 저는 독립해서 제 마음대로 ( ) 살고 싶어요.
① 자세하게　　② 자유롭게　　③ 정확하게　　④ 죄송하게

4. 다음 두 단어의 관계가 나머지 셋과 <u>다른</u> 것을 고르세요.

(1)
① 인생 – 삶
② 일출 – 일몰
③ 잇다 – 연결하다
④ 자세하다 – 세세하다

(2)
① 열다 – 열리다
② 울다 – 울리다
③ 잡다 – 잡히다
④ 잠그다 – 잠기다

5. 다음 (　　) 안에 공통적으로 들어갈 단어를 고르세요.

(1)
(　　)을 믿는 것이 가장 중요합니다.
(　　)을 가지려면 어떻게 해야 합니까?

① 인상　　② 일반　　③ 자동　　④ 자신

(2)
섬과 섬을 (　　) 주는 다리가 있어서 자동차로 이동할 수 있다.
끈이 짧아서 여러 개의 끈을 (　　).

① 묶다　　② 잇다　　③ 다니다　　④ 잡히다

6. 다음 단어 중에서 보기 의 단어와 관계가 <u>없는</u> 것을 고르세요.

(1) 보기　자격

① 얻다　　② 있다　　③ 하다　　④ 갖추다

(2) 보기　일자리

① 얻다　　② 찾다　　③ 구하다　　④ 모으다

(3) 보기　일정

① 짜다　　② 구하다　　③ 늦추다　　④ 앞당기다

7. 다음 ( ) 안에 가장 알맞은 단어를 `보기`에서 고르세요.

> `보기`　　　　　인상　　　　인생　　　　인원

(1) 전체 (　　　)이 몇 명이나 되지요?
(2) 당신은 (　　　)이 참 따뜻해 보이는군요!
(3) 당신은 어떤 (　　　)을 살고 싶으신가요?

8. 이것은 무엇입니까? 다음을 읽고 내용에 맞는 단어를 `보기`에서 고르세요.

> `보기`　　　인쇄　　　　자동　　　　입장료　　　　일상생활

(1) 기계가 스스로 작동하는 것을 말합니다.
　　이것은 (　　　)입니다.

(2) 특별한 일이 없는 평소의 삶을 말합니다.
　　이것은 (　　　)입니다.

(3) 경기나 공연 등을 보기 위해서 안으로 들어갈 때 내는 돈을 말합니다.
　　이것은 (　　　)입니다.

(4) 잉크를 사용하여 글이나 그림을 종이나 천 등에 찍어내는 것을 말합니다.
　　이것은 (　　　)입니다.

9. 다음 ( ) 안에 알맞은 단어를 `보기`에서 골라서 문장을 완성하세요.

> `보기`　　　　　자신　　　　장래　　　　일부러

　여러분은 (　　　)에 대한 계획을 갖고 계십니까? 저는 미래에 '무엇이 되고 싶다'라는 생각보다 현재 (　　　)의 삶에 만족하며 사는 것이 더 중요하다고 생각합니다. 행복은 먼 미래가 아닌 지금 이 순간에 있기 때문입니다. 그래서 저는 같은 일을 계속해도 (　　　) 즐거운 생각을 하며 매순간 최선을 다해 살기 위해 노력합니다.

20일차 연습 ❶

결과 ○ 24개 이상 ▲ ○ 23개 이하 ▼

쓰면서 외워 봅시다. 외운 단어에는 ○ 해 보세요.

번호	한국어	의미	연습하기
①	장면 명		장면
2	장수 명		
3	장식 명		
4	장점 명		
5	재다 동		
6	재활용 명		
7	저렴하다 형		
8	적어도 부		
9	적응 명		
10	적히다 동		
11	전국 명		
12	전달 명		
13	전망 명		
14	전문 명		
15	전설 명		
16	전시 명		
17	전용 명		
18	전원[1] 명		
19	전원[2] 명		
20	전쟁 명		
21	전통 명		
22	절대로 부		
23	절약 명		
24	점차 부		
25	접수 명		
26	젓다 동		
27	정 명		
28	정답 명		
29	정말로 부		
30	정보 명		

20일차 연습 2

1. 다음 그림과 관계있는 말을 연결하세요.

(1)  • ① 전국

(2)  • ② 전시

(3)  • ③ 전통

2. 다음 그림을 보고 문장을 완성하세요.

(1)  몸무게를 _____ (-고 있어요).

(2)  어머니는 국을 _____ (-고 있어요).

(3)  칠판에 숙제가 _____ (-아/어 있어요).

3. 다음 ( ) 안에 가장 알맞은 단어를 고르세요.

(1) 꾸준한 운동과 가벼운 식사가 ( )의 비결이라고 한다.

① 장래　　② 장면　　③ 장수　　④ 장식

(2) 문제를 다 푼 후에 ( )을 맞춰 보았다.

① 장점　　② 절약　　③ 정답　　④ 정원

(3) 지금 보이는 나무에는 옛날부터 전해 내려오는 ( )이 있다.

① 전공　　② 전설　　③ 전용　　④ 전원

(4) 다음 주부터 ( )에 비가 온다고 한다.

① 전국　　② 전달　　③ 전문　　④ 전시

(5) 타워에서 내려다보는 ( )이 정말 아름다웠다.

① 전망　　② 전쟁　　③ 전철　　④ 전통

(6) 여기에서 정상까지 가려면 ( ) 두 시간은 더 가야 해요.

① 점차　　② 차차　　③ 적어도　　④ 절대로

(7) 제품을 ( ) 구매하기 위해 할인매장이나 공동구매를 이용한다.

① 건조하게　　② 서투르게　　③ 자세하게　　④ 저렴하게

(8) 취업한 지 두 달쯤 되어서 그런지 회사 일에 많이 ( ).

① 쟀어요　　② 저었어요　　③ 적혔어요　　④ 적응됐어요

4. 다음 두 단어의 관계가 나머지 셋과 <u>다른</u> 것을 고르세요.

(1)
① 전쟁 – 평화
② 정답 – 오답
③ 절약 – 낭비
④ 점차 – 점점

(2)
① 장점 – 단점
② 전망 – 조망
③ 절대로 – 결코
④ 재다 – 측정하다

(3)
① 싸다 – 저렴하다
② 적어도 – 최소한
③ 정말로 – 진짜로
④ 바쁘다 – 여유롭다

5. 다음 단어 중에서 보기 의 단어와 관계가 <u>없는</u> 것을 고르세요.

(1) 보기   접수

① 받다   ② 주다   ③ 하다   ④ 끝나다

(2) 보기   전쟁

① 나다   ② 오다   ③ 하다   ④ 일어나다

(3) 보기   전원

① 끄다   ② 나가다   ③ 나오다   ④ 들어오다

6. 다음 (   ) 안에 가장 알맞은 단어를 보기 에서 고르세요..

보기   점차   정말로

(1) 오전에는 비가 왔는데 날씨가 (   ) 맑아지고 있어요.
(2) 저는 (   ) 그 사람을 사랑해요. 그 사람과 결혼하고 싶어요.

20일차

7. 다음 ( ) 안에 공통적으로 들어갈 단어를 고르세요.

(1)
> 이곳은 여성 ( ) 주차장입니다. 여성만 주차할 수 있어요.
> 여기는 외국인 ( )입니다. 국내인은 다른 곳을 이용해 주세요.

① 적응　　② 전달　　③ 전용　　④ 전원

(2)
> 영어로 ( ) 있어서 무슨 말인지 이해할 수 없었어요.
> 편지는 작은 글씨로 ( ) 있어서 안경을 끼고 봤어요.

① 재다　　② 적다　　③ 젓다　　④ 적히다

8. 다음 단어를 보고 연상되는 단어를 보기 에서 고르세요.

보기	전시	절약	재활용

(1) 돈　　물　　전기　　→ _____
(2) 그림　　도서　　사진　　→ _____
(3) 종이　　병　　플라스틱　　→ _____

9. 이것은 무엇입니까? 다음을 읽고 내용에 맞는 단어를 보기 에서 고르세요.

보기	정	전문	정보

(1) 새로운 소식이나 지식을 말합니다.
　　이것은 ( )입니다.

(2) 오랫동안 함께 지내면서 생기는 친근한 마음을 말합니다.
　　이것은 ( )입니다.

(3) 한 분야에 대해 풍부하고 깊이 있는 지식과 경험이 있음을 말합니다.
　　이것은 ( )입니다.

21일차 연습 ①

결과 ○ 24개 이상 ▲ ○ 23개 이하 ▼

쓰면서 외워 봅시다. 외운 단어에는 ○ 해 보세요.

번호	한국어	의미	연습하기
①	정신 [명]		정신
2	정신없다 [형]		
3	정치 [명]		
4	정확히 [부]		
5	제공 [명]		
6	제대로 [부]		
7	제시간 [명]		
8	제안 [명]		
9	제출 [명]		
10	제품 [명]		
11	조건 [명]		
12	조리 [명]		
13	조미료 [명]		
14	조사 [명]		
15	조상 [명]		
16	조언 [명]		
17	존경 [명]		
18	졸리다 [동]		
19	종교 [명]		
20	종일 [부]		
21	종합 [명]		
22	주고받다 [동]		
23	주민 [명]		
24	주요 [명]		
25	주인공 [명]		
26	주제 [명]		
27	죽이다 [동]		
28	중고 [명]		
29	중단 [명]		
30	중순 [명]		

21일차 연습 2

1. 다음 그림과 관계있는 말을 연결하세요.

(1)  • • ① 너무 졸려요.

(2)  • • ② 제사를 지내요.

(3)  • • ③ 제 종교는 불교예요.

2. 다음 그림을 보고 문장을 완성하세요.

(1)    옆집 가족과 인사를 _____ (-았/었어요).

(2)    우리 학교는 6월 _____ (부터) 여름방학이 시작돼요.

(3) 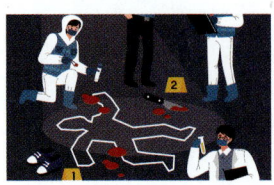   강도가 사람을 _____ (-고) 도망갔대요.

3. 다음 ( ) 안에 가장 알맞은 단어를 고르세요.

(1) 이 회사의 ( )은 비싸지만 품질이 좋은 편이다.

① 제목　② 제품　③ 조상　④ 조심

(2) 요즘에는 사용하던 물건을 사고파는 ( ) 거래가 활발하다.

① 종교　② 종합　③ 중고　④ 중순

(3) 감독은 드라마의 ( )을/를 공개 오디션을 통해 뽑았다.

① 주요　② 주제　③ 주인공　④ 중심지

(4) 우리 집은 새우, 버섯, 미역을 말려서 ( )으로/로 사용한다.

① 재활용　② 조미료　③ 주머니　④ 진통제

(5) 점심을 배불리 먹고 나니 나른해져서 ( ).

① 잠긴다　② 적힌다　③ 졸린다　④ 차린다

(6) 나는 힘들고 어려운 시기를 잘 살아오신 아버지를 ( ).

① 제안한다　② 조언한다　③ 존경한다　④ 중단한다

(7) 선배가 나에게 정치를 한번 해 보라고 ( ) 거절했다.

① 제공해서　② 제안해서　③ 제출해서　④ 조사해서

21 일차

4. 다음 ( )에 들어갈 수 <u>없는</u> 단어를 고르세요.

(1)
> ( )을/를 주고받다

① 선물　　② 정신　　③ 편지　　④ 이야기

(2)
> 조사를 ( )

① 받다　　② 주다　　③ 실시하다　　④ 진행하다

5. 다음 밑줄 친 부분과 반대되는 의미의 단어를 고르세요.

(1)
> 부부는 아이를 <u>살려</u> 준 의사 선생님에게 감사의 뜻을 전했다.

① 쌓이다　　② 잡히다　　③ 졸리다　　④ 죽이다

(2)
> 훈련 중에 다리를 다쳐서 선수 생활을 <u>유지할</u> 수 있을지 걱정이다.

① 전망하다　　② 존경하다　　③ 종합하다　　④ 중단하다

6. 다음 ( ) 안에 공통적으로 들어갈 단어를 고르세요.

(1)
> 요즘 치과 치료를 받고 있어서 음식을 ( ) 못 먹는다.
> 선생님의 질문에 민수는 ( ) 대답을 하지 못했다.

① 절대로　　② 정확히　　③ 제대로　　④ 천천히

(2)
> 요즘 회사에 일이 많아서 ( ) 바쁘다.
> 아이들이 이리저리 뛰어다니는 바람에 ( ).

① 관계없다　　② 관심없다　　③ 상관없다　　④ 정신없다

7. 다음 단어를 보고 연상되는 단어를 보기 에서 고르세요.

보기	조리	조사	종교

(1) 설문   대상   주제   → _____
(2) 믿음   기독교 불교   → _____
(3) 조미료 요리법 주방장 → _____

8. 다음 밑줄 친 부분과 비슷한 의미의 단어를 고르세요.

(1) 우리 동네 주민센터에서는 어려운 이웃들에게 무료로 점심을 <u>드리고</u> 있습니다.

① 제공하고   ② 종합하고   ③ 주고받고   ④ 주무시고

(2) 기말 과제를 정해진 날짜에 교수님께 <u>내야</u> 합니다.

① 제안해야   ② 제출해야   ③ 조리해야   ④ 조언해야

9. 다음 ( ) 안에 알맞은 단어를 보기 에서 고르세요.

보기	조건	조언	종일	제시간

(1) 몸살 기운이 좀 있어서 약을 먹고 (   ) 잠만 잤다.
(2) 선배에게 (   )을 구하려고 어렵게 선배 회사를 찾아갔다.
(3) 남편은 아무리 술을 많이 마셔도 (   )에 맞춰서 출근을 한다.
(4) 그렇게 여러 가지 (   )을 모두 갖춘 사람을 찾기란 매우 어렵다.

22일차 연습 ❶

쓰면서 외워 봅시다. 외운 단어에는 ◯ 해 보세요.

번호	한국어	의미	연습하기
①	중심지 명		중심지
2	즉시 부		
3	증가하다 동		
4	증상 명		
5	지나치다 형		
6	지다[1] 동		
7	지원[1] 명		
8	지저분하다 형		
9	진심 명		
10	진찰 명		
11	진통제 명		
12	진학 명		
13	진행 명		
14	질 명		
15	집다 동		
16	집중 명		
17	짜다 동		
18	찢다 동		
19	차량 명		
20	차리다 동		
21	차이 명		
22	찬성 명		
23	참가하다 동		
24	참고 명		
25	참석하다 동		
26	창피하다 형		
27	채우다 동		
28	챙기다 동		
29	처방 명		
30	첫눈 명		

22일차 연습 2

1. 다음 그림과 관계있는 말을 연결하세요.

(1)  • • ① 낙엽이 졌어요.

(2) 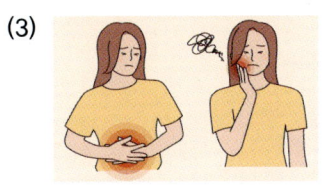 • • ② 방이 지저분해요.

(3)  • • ③ 진통제를 먹어야 돼요.

2. 다음 그림을 보고 문장을 완성하세요.

(1)  선물로 스웨터를 _____ (-아/어서) 줄 거예요.

(2)  돌잔치에서 아기가 마이크를 _____ (-았/었어요).

(3) 가족들과 식사를 하려고 상을 _____ (-았/었어요).

3. 다음 (   ) 안에 가장 알맞은 단어를 고르세요.

(1) 면접을 볼 때 (   ) 동기를 묻는 경우가 많다.

① 질　　　② 지원　　　③ 첫눈　　　④ 중심지

(2) 졸업 논문 쓰는 데 (   )이/가 될 자료를 찾고 있어요.

① 진학　　　② 집중　　　③ 찬성　　　④ 참고

(3) 의사 선생님이 써 준 (   )을/를 가지고 약국에 갔다.

① 진찰　　　② 차량　　　③ 처방　　　④ 진통제

(4) 동생은 직접 (   ) 목도리를 하고 외출했다.

① 진　　　② 짠　　　③ 집은　　　④ 찢은

(5) 헤어진 남자친구에게 받았던 편지를 모두 (   ) 버렸다.

① 집어　　　② 찢어　　　③ 차려　　　④ 챙겨

(6) 회의에 (   ) 사람들에게 자료를 나눠 준 후에 이야기를 시작했다.

① 진행한　　　② 집중한　　　③ 참가한　　　④ 참석한

(7) 저는 한국어 말하기 대회에 (   ) 대상을 받았어요.

① 진행해서　　　② 집중해서　　　③ 참가해서　　　④ 참석해서

(8) 이 법은 국회의원의 과반수가 (   ) 통과할 수 있어요.

① 집중해야　　　② 찬성해야　　　③ 참고해야　　　④ 처방해야

4. 다음 단어를 보고 연상되는 단어를 보기 에서 고르세요.

| 보기 | 집중 | 참가 | 참석 | 처방 |

(1) 정신   인구   관심   → _____
(2) 진찰   진통제   증상   → _____
(3) 회의   결혼식   모임   → _____
(4) 대회   전쟁   올림픽   → _____

5. 다음 밑줄 친 부분과 비슷한 의미의 단어를 고르세요.

(1) 아무리 친구라고 해도 그렇게 말하는 건 좀 심한 거 같아요.

① 저렴한   ② 적당한   ③ 지나친   ④ 지저분한

(2) 공연을 하는데 대사를 잊어버려서 너무 부끄러웠어요.

① 창피했어요   ② 충분했어요   ③ 친절했어요   ④ 촌스러웠어요

6. 다음 (   ) 안에 공통적으로 들어갈 단어를 고르세요.

(1) 저녁이 되니까 해가 (   ) 어두워졌다.
농구 경기에서 우리 팀이 이길 뻔했는데 (   ) 너무 속상하다.

① 가다   ② 나다   ③ 지다   ④ 짜다

(2) 오늘 비가 온다고 했으니까 나갈 때 우산을 잘 (   ).
내 친구는 주위 사람들의 생일을 잘 (   ).

① 가지다   ② 외우다   ③ 차리다   ④ 챙기다

22일차

7. 다음 ( )에 들어갈 수 **없는** 단어를 고르세요.

(1) ( )이/가 증가하다

① 수량　② 수입　③ 인구　④ 참고

(2) ( )을/를 차리다

① 예의　② 음식　③ 정신　④ 진심

8. 다음 밑줄 친 부분과 반대되는 의미의 단어를 고르세요.

(1) 사무실 쓰레기통을 <u>비우고</u> 나서 책상을 닦기 시작했다.

① 지우다　② 채우다　③ 체하다　④ 키우다

(2) 안전 교육을 실시한 후부터는 안전사고 발생이 <u>감소했다</u>.

① 증가하다　② 진행하다　③ 집중하다　④ 참가하다

(3) 오랜만에 쉬는 날이라서 집안을 <u>깨끗하게</u> 청소했다.

① 세련되다　② 지나치다　③ 창피하다　④ 지저분하다

9. 다음 ( ) 안에 가장 알맞은 단어를 보기 에서 고르세요.

| 보기 | 즉시　증상　차량　차이 |

(1) 불이 나자 ( ) 소방서에 신고했다.
(2) 이곳은 공사 중이라서 ( ) 통행이 금지되어 있습니다.
(3) 독감에 걸린 후 여러 가지 ( )이/가 나타나기 시작했다.
(4) 우리는 아주 친했는데 의견 ( )으로/로 심하게 싸운 후 멀어졌다.

23 일차 연습 ①

결과 ○ 24개 이상 ▲ ○ 23개 이하 ▼
이렇게 하세요. 연습 2로 송이! 다시 한번 암기~!

쓰면서 외워 봅시다. 외운 단어에는 ○ 해 보세요.

번호	한국어	의미	연습하기
①	첫인상 [명]		첫인상
2	체력 [명]		
3	체하다 [동]		
4	체험 [명]		
5	촌스럽다 [형]		
6	촬영 [명]		
7	최고급 [명]		
8	최선 [명]		
9	최저 [명]		
10	추억 [명]		
11	추천 [명]		
12	추측 [명]		
13	출국 [명]		
14	충분히 [부]		
15	취하다 [동]		
16	취향 [명]		
17	치우다 [동]		
18	탑승 [명]		
19	태우다[1] [동]		
20	터뜨리다 [동]		
21	털다 [동]		
22	토론 [명]		
23	통역 [명]		
24	통일 [명]		
25	통통하다 [형]		
26	통하다 [동]		
27	특기 [명]		
28	특성 [명]		
29	특징 [명]		
30	틀림없이 [부]		

23일차 연습 2

1. 다음 그림과 관계있는 말을 연결하세요.

(1) •   • ① 먼지를 털어요.

(2) •   • ② 폭죽을 터뜨려요.

(3) •   • ③ 영화 촬영 중이에요.

2. 다음 그림을 보고 문장을 완성하세요.

(1)  아기가 _____ (-아/어서) 너무 귀여워요.

(2)  선생님이 아이를 버스에 _____ (-고 있어요).

(3)  너무 많이 먹어서 _____ (-은) 것 같아요.

3. 다음 (   ) 안에 가장 알맞은 단어를 고르세요.

(1) (   )이 좋아야 일이든 공부든 잘할 수 있다.

① 체력 ② 체험 ③ 추억 ④ 취향

(2) 그는 유명한 사람들의 목소리를 따라하는 (   )이/가 있다.

① 탑승 ② 통역 ③ 통일 ④ 특기

(3) 경제가 나빠지면서 주식이 올해 (   ) 수준으로 떨어졌다.

① 최근 ② 최저 ③ 최후 ④ 최고급

(4) 한창 자랄 때에는 (   ) 영양을 섭취해야 한다.

① 급히 ② 우연히 ③ 정확히 ④ 충분히

(5) 마을 주민들을 (   ) 버스가 고속도로에서 사고가 났다.

① 취한 ② 치운 ③ 태운 ④ 통한

(6) 배가 곧 출항할 예정이오니 (   ) 주시기 바랍니다.

① 추천해 ② 출국해 ③ 탑승해 ④ 통역해

(7) 선생님께서 (   ) 주신 책을 읽었는데 정말 재미있었다.

① 촬영해 ② 추천해 ③ 추측해 ④ 토론해

(8) 그는 영문과를 졸업한 뒤 영어를 한국어로 (   ) 일을 한다.

① 추천하는 ② 추측하는 ③ 토론하는 ④ 통역하는

4. 다음 ( )에 들어갈 수 <u>없는</u> 단어를 고르세요.

(1)
| ( )을 하다 |

① 토론 ② 통역 ③ 통일 ④ 특성

(2)
| 추억을 ( ) |

① 쌓다 ② 남기다 ③ 체하다 ④ 떠올리다

5. 다음 밑줄 친 부분과 비슷한 의미의 단어를 고르세요.

(1)
| 이번 경기에서는 우리 팀이 <u>반드시</u> 이길 거라고 확신한다. |

① 적어도 ② 절대로 ③ 틈틈이 ④ 틀림없이

(2)
| 밥을 급하게 먹었더니 <u>소화가 안 돼서</u> 속이 답답하다. |

① 참아서 ② 차려서 ③ 챙겨서 ④ 체해서

(3)
| 손님들이 먹은 음식을 <u>정리하고</u> 식탁을 깨끗하게 닦았다. |

① 채우고 ② 치우고 ③ 키우고 ④ 태우고

6. 다음 ( ) 안에 공통적으로 들어갈 단어를 고르세요.

(1)
| 회식 자리에서 술에 너무 ( ) 기억이 안 난다.
쉴 때에는 충분한 수면을 ( ) 것이 중요하다. |

① 찾다 ② 추다 ③ 치다 ④ 취하다

(2)
| 부부는 취미도 비슷해야 하지만 무엇보다 생각이 ( ) 한다.
창문을 열어 놓았더니 바람이 잘 ( ). |

① 타다 ② 털다 ③ 통하다 ④ 터뜨리다

7. 다음 단어를 보고 연상되는 단어를 보기 에서 고르세요.

보기	추측	출국	토론

(1) 예상   예측   생각   → _____
(2) 찬성   반대   주장   → _____
(3) 탑승   공항   비행기   → _____

8. 다음 밑줄 친 부분과 반대되는 의미의 단어를 고르세요.

(1) 그 가수는 해외 콘서트를 마치고 오늘 오후에 <u>입국했다</u>.

① 출국하다   ② 출근하다   ③ 출석하다   ④ 추천하다

(2) 그 옷가게는 우아하고 <u>세련된</u> 옷들로 가득 차 있었다.

① 창피하다   ② 촌스럽다   ③ 부끄럽다   ④ 지저분하다

9. 다음 ( ) 안에 알맞은 단어를 보기 에서 고르세요.

보기	최선	취향	특징	첫인상

(1) 결과에 상관없이 끝까지 (   )을 다하겠습니다.
(2) 다양한 종류의 음식들이 있으니 (   )에 따라 골라서 드세요.
(3) 선생님의 (   )은 너무 무서웠는데 알고 보니 정말 친절하셨다.
(4) 한국 음식의 (   )은 김치와 같은 발효식품이 발달했다는 것이다.

24일차 연습 ①

결과 ○ 24개 이상 ▲ ○ 23개 이하 ▼

쓰면서 외워 봅시다. 외운 단어에는 ○ 해 보세요.

번호	한국어	의미	연습하기
①	틈틈이 [부]		틈틈이
2	파다 [동]		
3	파도 [명]		
4	판매¹ [명]		
5	편식 [명]		
6	평가 [명]		
7	포기 [명]		
8	포함 [명]		
9	표시 [명]		
10	표정 [명]		
11	표지판 [명]		
12	표현 [명]		
13	풀리다 [동]		
14	품질 [명]		
15	풍습 [명]		
16	피로 [명]		
17	피부 [명]		
18	피서 [명]		
19	피하다 [동]		
20	피해 [명]		
21	하품 [명]		
22	학습 [명]		
23	한동안 [명]		
24	한때 [부], [명]		
25	한숨 [명]		
26	한참 [부], [명]		
27	합치다 [동]		
28	항공료 [명]		
29	해결 [명]		
30	해돋이 [명]		

24일차 연습 2

1. 다음 그림과 관계있는 말을 연결하세요.

(1)  • • ① 하품을 해요.

(2)  • • ② 해돋이를 봐요.

(3)  • • ③ 표정을 지어요.

2. 다음 그림을 보고 문장을 완성하세요.

(1)

고양이가 모래를 _____ (-고 있네요).

(2)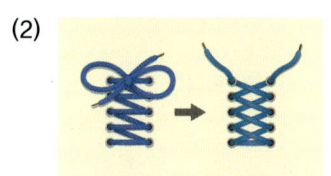

운동화 끈이 _____ (-았/었네요).

(3)

문제 해결을 위해 힘을 _____ (-ㅂ/읍시다)!

3. 다음 (   ) 안에 가장 알맞은 단어를 고르세요.

(1) 아이가 음식을 골고루 먹지 않고 (   )이 심해요.

① 편식　　② 편안　　③ 포함　　④ 품질

(2) 배우는 다양한 (   ) 연기를 할 수 있어야 해요.

① 평가　　② 평소　　③ 포장　　④ 표정

(3) 명절에는 옛날부터 전해오는 (   )이 있습니다.

① 평일　　② 표현　　③ 풍경　　④ 풍습

(4) 며칠 동안 야근을 해서 (   )가 쌓였습니다.

① 피로　　② 피부　　③ 피서　　④ 피해

(5) 무슨 고민 있어요? 왜 (   )을 쉬어요?

① 하품　　② 한숨　　③ 한참　　④ 한턱

(6) 휴가 때 바다에 갔는데 아침에 보는 (   )이/가 너무 아름다웠어요.

① 표지판　　② 한동안　　③ 항공료　　④ 해돋이

(7) 자기가 한 일은 책임을 져야지요. 책임을 (   ) 안 됩니다.

① 파면　　② 풀리면　　③ 피하면　　④ 합치면

4. 다음 두 단어의 관계가 나머지 셋과 다른 것을 고르세요.

   (1)
   ① 판매 – 구매 ② 피곤 – 피로
   ③ 피해 – 가해 ④ 파다 – 묻다

   (2)
   ① 학습 – 공부 ② 한때 – 잠깐
   ③ 해결 – 문제 ④ 틈틈이 – 짬짬이

5. 다음 단어를 보고 연상되는 단어를 보기 에서 고르세요.

   | 보기 | 평가 | 품질 | 표지판 |

   (1) 금연   주차금지   교통   → _____
   (2) 물건   상품   디자인   → _____
   (3) 시험   성적   선생님   → _____

6. 다음 단어 중에서 보기 의 단어와 관계가 없는 것을 고르세요.

   (1) 보기   해결

   ① 되다   ② 받다   ③ 짓다   ④ 하다

   (2) 보기   피로

   ① 나다   ② 풀다   ③ 쌓이다 ④ 풀리다

   (3) 보기   피서

   ① 가다   ② 떠나다 ③ 즐기다 ④ 피하다

24일차

7. 다음 ( ) 안에 가장 알맞은 단어를 보기 에서 고르세요.

> 보기   한때   한참   틈틈이

(1) 오늘은 오후 (　　　) 전국적으로 비가 오겠습니다.
(2) 나는 직장에서 일을 하다가 (　　　) 스트레칭을 해요.
(3) 그는 (　　　) 동안 움직이지 않고 가만히 앉아 있었어요.

8. 다음 ( ) 안에 공통적으로 들어갈 단어를 고르세요.

(1)
> 할머니는 운전면허 시험에 계속 떨어지고 계시지만 (　　　)를 모르신다.
> (　　　)를 하려면 시작하지 않는 것이 더 나은 것 같아요.

① 판매　　② 평가　　③ 포기　　④ 표시

(2)
> 문제 (　　　)을 위해서 모두 힘을 합쳤다.
> 이 사건의 (　　　) 방안이 무엇이라고 생각합니까?

① 학습　　② 한숨　　③ 해결　　④ 한동안

9. 다음 ( ) 안에 알맞은 단어를 보기 에서 골라서 문장을 완성하세요.

> 보기   파도   피부   피서   해돋이

> 저는 여름휴가에 바다로 (　　　)를 다녀왔습니다. 바다가 깊지 않고 (　　　)도 잔잔해서 물놀이하기에 좋았습니다. 아침에 바다에서 보는 (　　　)도 정말 아름다웠습니다. 휴가가 끝나고 회사에 돌아오니 동료들이 제 (　　　)를 보고 까매져서 건강해 보인다고 이야기했습니다.

결과 ○ 24개 이상 ▲ ○ 23개 이하 ▼
이렇게 하세요. 연습 2로 응이! 다시 한번 암기~!

쓰면서 외워 봅시다. 외운 단어에는 ○ 해 보세요.

번호	한국어	의미	연습하기
①	햇볕 명		햇볕
2	행사장 명		
3	행운 명		
4	향하다 동		
5	허락 명		
6	현대 명		
7	형태 명		
8	혹은 부		
9	혼나다 동		
10	화면 명		
11	화재 명		
12	화폐 명		
13	화해 명		
14	확인 명		
15	환불 명		
16	환상적 명		
17	환율 명		
18	환하다 형		
19	활동 명		
20	활발하다 형		
21	활짝 부		
22	횟수 명		
23	효과 명		
24	후반 명		
25	후회 명		
26	휴대 명		
27	휴식 명		
28	휴학 명		
29	흘러가다 동		
30	희생 명		

25일차 연습 2

1. 다음 그림과 관계있는 말을 연결하세요.

(1)  • • ① 햇볕

(2)  • • ② 화폐

(3)  • • ③ 환율

2. 다음 그림을 보고 문장을 완성하세요.

(1)  아이들이 여자에게 _____ (-고 있어요).

(2)  창문이 바다를 _____ (-고 있어요).

(3)  종이배가 시냇물 아래쪽으로 _____ (-고 있어요).

3. 다음 (   ) 안에 가장 알맞은 단어를 고르세요.

(1) 지금 텔레비전 (   )에 나오는 사람은 누구예요?

① 햇볕　　② 행운　　③ 화면　　④ 확인

(2) 경기 (   )이 되자 분위기가 점점 뜨거워지고 있다.

① 허락　　② 후반　　③ 휴식　　④ 휴학

(3) 봄에는 날씨가 건조해서 (   )가 발생할 수 있으니 주의하십시오.

① 현대　　② 화재　　③ 화폐　　④ 화해

(4) 상품 교환은 가능하지만 (   )은 불가능합니다.

① 환불　　② 환율　　③ 활동　　④ 희생

(5) 이 상품은 (   )가 편리해서 어디에서나 이용할 수 있습니다.

① 횟수　　② 효과　　③ 후회　　④ 휴대

(6) 밝은 아이인데 부모님에게 (   ) 표정이 어두워졌어요.

① 통해서　　② 합쳐서　　③ 향해서　　④ 혼나서

(7) 그녀는 만날 때마다 표정이 (   ) 기분이 좋아진다.

① 환해서　　② 통통해서　　③ 창피해서　　④ 활발해서

(8) 이 길이 맞는지 지도를 보고 (   ).

① 향했어요　　② 혼났어요　　③ 확인했어요　　④ 흘러갔어요

25 일차

4. 다음 두 단어의 관계가 나머지 셋과 <u>다른</u> 것을 고르세요.

(1)
① 형태 – 모양   ② 혹은 – 또는
③ 후반 – 전반   ④ 혼나다 – 야단맞다

(2)
① 환하다 – 어둡다   ② 흘러가다 – 멈추다
③ 후회하다 – 반성하다   ④ 활발하다 – 조용하다

5. 다음 (   ) 안에 공통적으로 들어갈 단어를 고르세요.

(1)
살을 빼는 데 (   )가 있는 방법을 알려 주세요.
한국어 단어를 외우는 데 이 책으로 공부하면 (   )가 좋다.

① 현대   ② 형태   ③ 화해   ④ 효과

(2)
호텔에서 보이는 바다는 (   ).
이 요리는 지금까지 먹어본 적이 없는 (   ) 맛이었다.

① 환하다   ② 활발하다   ③ 현대적이다   ④ 환상적이다

6. 다음 단어 중에서 보기 의 단어와 관계가 <u>없는</u> 것을 고르세요.

(1) 보기   허락

① 들다   ② 맡다   ③ 받다   ④ 하다

(2) 보기   햇볕

① 들다   ② 받다   ③ 쬐다   ④ 하다

(3) 보기   화재

① 나다   ② 열리다   ③ 발생하다   ④ 일어나다

7. 다음 ( ) 안에 가장 알맞은 단어를 보기 에서 고르세요.

보기	혹은	활짝

(1) 공기가 좋아서 창문을 (   ) 열어 놓았어요.
(2) 나는 이번 방학에 제주도 (   ) 부산에서 여행을 하려고 한다.

8. 다음 단어와 관계가 있는 동사를 보기 에서 고르세요.

보기	받다	크다	하다

(1) 햇볕   허락   환불   → _____
(2) 화면   효과   희생   → _____
(3) 휴학   휴식   활동   → _____

9. 이것은 무엇입니까? 다음을 읽고 내용에 맞는 단어를 보기 에서 고르세요.

보기	행운	후회	희생

(1) 이전의 잘못을 깨우치고 뉘우치는 것을 말합니다.
   이것은 (   )입니다.

(2) 좋은 운수를 말합니다. 사람들은 이것이 오기를 기다립니다.
   이것은 (   )입니다.

(3) 다른 사람이나 어떤 목적을 위해 자신이나 가진 것 등을 바치거나 포기하는 것을 말합니다. 보통 부모가 자식을 위해 이것을 합니다.
   이것은 (   )입니다.

26일차 연습 ①

결과 ○ 24개 이상 ▲ ○ 23개 이하 ▼
이렇게 하세요. 연습 2로 승! 다시 한번 암기~!

쓰면서 외워 봅시다. 외운 단어에는 ○ 해 보세요.

번호	한국어	의미	연습하기
①	가라앉다 [동]		가라앉다
2	가로막다 [동]		
3	가만히 [부]		
4	가치 [명]		
5	가치관 [명]		
6	각오 [명]		
7	간격 [명]		
8	간섭 [명]		
9	간신히 [부]		
10	간절하다 [형]		
11	간지럽다 [형]		
12	간혹 [부]		
13	갇히다 [동]		
14	갈등 [명]		
15	감소하다 [동]		
16	감시 [명]		
17	감싸다 [동]		
18	감추다 [동]		
19	감히 [부]		
20	갑작스럽다 [형]		
21	강수량 [명]		
22	강요 [명]		
23	강제 [명]		
24	갖추다 [동]		
25	개념 [명]		
26	개다² [동]		
27	개발 [명]		
28	개방 [명]		
29	개선 [명]		
30	개최 [명]		

연습 2

1. 다음 그림과 관계있는 말을 연결하세요.

   (1)  •   • ① 간지러워요.

   (2)  •   • ② 개고 있어요.

   (3)  •   • ③ 가로막고 있어요.

2. 다음 그림을 보고 문장을 완성하세요.

   (1)
   엘리베이터가 고장 나서 _____ (–아/어 있어요).

   (2)
   배가 바닷속으로 _____ (–고 있어요).

   (3)
   여자가 두 손으로 얼굴을 _____ (–고 있어요).

26 일차

3. 다음 ( ) 안에 가장 알맞은 단어를 고르세요.

(1) 출퇴근 시간에는 지하철이 15분 ( )으로 운행되고 있다.

① 간격　　② 갈등　　③ 개념　　④ 개방

(2) 군인들은 전쟁터에서 죽을 ( )를 하고 싸운다.

① 가치　　② 각오　　③ 간호　　④ 검토

(3) 그곳에서는 사람들을 가두고 ( )로 일을 시켰다.

① 감시　　② 강요　　③ 강제　　④ 감소

(4) 사람들이 각기 다른 모습으로 살아가는 이유는 ( )이 다르기 때문이다.

① 간섭　　② 개선　　③ 가치관　　④ 강수량

(5) 이번 동계 올림픽 개최는 국민 모두의 ( ) 소망이었다.

① 가능한　　② 간절한　　③ 곤란한　　④ 구수한

(6) 예상하지 못한 ( ) 사고로 여행이 취소되었다.

① 가난한　　② 가득한　　③ 간지러운　　④ 갑작스러운

(7) 이곳은 출입금지라서 CCTV로 건물에 출입하는 사람들을 ( ) 있다.

① 감시하고　　② 갈등하고　　③ 가로막고　　④ 감소하고

(8) 아이들의 흥미를 유발하기 위해서 다양한 학습 방법이 ( ) 있다.

① 개방되고　　② 개발되고　　③ 개선되고　　④ 개최되고

TOPIK II

4. 다음 ( ) 안에 공통적으로 들어갈 단어를 고르세요.

(1)
> 오래 전에 (　　) 배에서 보물이 발견되었다.
> 다친 곳이 부었는데 얼음찜질을 하니 금방 (　　).

① 가라앉다　② 가로막다　③ 각오하다　④ 개발하다

(2)
> 벌레에 물렸는지 몸이 (　　) 긁었더니 피부가 빨개졌다.
> 나는 말하고 싶어서 입이 (　　) 꾹 참았다.

① 간절하다　② 간지럽다　④ 갑작스럽다　③ 고소하다

5. 다음 단어 중에서 보기 의 단어와 관계가 없는 것을 고르세요.

(1)
> 보기　　　　　　　　　개최

① 강의　② 도시　③ 행사　④ 올림픽

(2)
> 보기　　　　　　　　　간섭

① 주다　② 받다　③ 하다　④ 벗어나다

6. 다음 밑줄 친 부분과 비슷한 의미의 단어를 고르세요.

(1)
> 하루 종일 집에 있을 때면 <u>이따금</u> 고향 생각이 나곤 한다.

① 간혹　② 감히　③ 가만히　④ 간신히

(2)
> 아무도 보지 못하도록 첫사랑의 사진을 좋아하는 책 속에 <u>숨겨</u> 두었다.

① 갇혀　② 감싸　③ 감춰　④ 갖춰

(3)
> 나는 이 회사에 지원할 모든 자격을 <u>구비하고</u> 있다.

① 감싸고　② 감추고　③ 갖추고　④ 건네고

7. 다음 밑줄 친 부분과 반대되는 의미의 단어를 고르세요.

(1) 잠자기 전에 부모님 이불을 먼저 <u>펴</u> 드리고 나서 내 이불을 <u>펴</u> 놓았다.

① 개다   ② 막다   ③ 감싸다   ④ 감추다

(2) 3년 전 여기에서 코로나 확진자가 나와서 건물을 <u>폐쇄한</u> 적이 있다.

① 개발하다   ② 개방하다   ③ 개선하다   ④ 개최하다

(3) 집에 있는 시간이 많아지면서 음식물 쓰레기의 양도 <u>늘어나고</u> 있다.

① 간섭하다   ② 감소하다   ③ 강요하다   ④ 증가하다

8. 다음 ( ) 안에 가장 알맞은 단어를 보기 에서 고르세요.

> 보기   감히   가만히   간신히

(1) 가족을 생각하니 (   ) 전쟁터로 나설 수 없었어요.
(2) 다른 사람의 일에는 간섭하지 말고 (   ) 있는 게 좋아요.
(3) 점수가 70점 이상이면 합격인데 70점을 받아서 (   ) 합격했어요.

9. 다음이 설명하고 있는 어휘는 무엇입니까? 맞는 단어를 보기 에서 고르세요.

> 보기   갈등   개선   강수량

(1) 잘못되거나 부족한 부분을 고쳐서 더 좋게 만드는 것. → _____
(2) 개인이나 집단에서 서로 의견이 달라서 부딪치고 충돌하는 것. → _____
(3) 일정 기간과 장소에서 비, 눈, 우박, 안개 등으로 내린 물의 총량. → _____

27일차 연습 ①

결과 ○ 24개 이상 ▲ ○ 23개 이하 ▼

쓰면서 외워 봅시다. 외운 단어에는 ○ 해 보세요.

번호	한국어	의미	연습하기
①	간접적 관, 명		간접적
2	개혁 명		
3	객관적 관, 명		
4	거래 명		
5	거칠다 형		
6	건네다 동		
7	건드리다 동		
8	걷다 동		
9	게다가 부		
10	격려 명		
11	겪다 동		
12	견디다 동		
13	견해 명		
14	결승 명		
15	결코 부		
16	겸손 명		
17	겹치다 동		
18	경계 명		
19	경고 명		
20	경기 명		
21	경력 명		
22	경영 명		
23	경쟁 명		
24	경향 명		
25	계기 명		
26	고려 명		
27	고소하다 형		
28	고요하다 형		
29	고유 명		
30	고정 명		

27일차 연습 2

1. 다음 그림과 관계있는 말을 연결하세요.

(1)  · · ① 경고를 받았어요.

(2)  · · ② 땅콩이 고소해요.

(3)  · · ③ 명함을 건넸어요.

2. 다음 그림을 보고 문장을 완성하세요.

(1)  박물관에서는 물건을 _____ (-면) 안 돼요.

(2)  개울에 들어가려고 바지를 _____ (-아/어) 올렸어요.

(3)  며칠 동안 잠을 못 잤더니 피부가 _____ (-아/어요).

3. 다음 (　　) 안에 가장 알맞은 단어를 고르세요.

(1) 우리 회사와 (　　)을/를 원한다면 먼저 제안서를 보내 주십시오.

① 거래　　② 검색　　③ 경고　　④ 경영

(2) 그 사람은 힘들어하는 후배에게 위로와 (　　)의 말을 전해 주었다.

① 개혁　　② 격려　　③ 견해　　④ 고려

(3) 나라와 나라를 구분하는 (　　)이/가 되는 곳을 국경이라고 해요.

① 결승　　② 겸손　　③ 경계　　④ 경향

(4) 남극에 사는 펭귄들은 추위를 온몸으로 (　　).

① 감춘다　　② 건넨다　　③ 견딘다　　④ 겹친다

(5) 그는 10년 동안 외국에서 살면서 (　　) 이야기들을 해 주었다.

① 갖췄던　　② 건넸던　　③ 겪었던　　④ 겹쳤던

(6) 이번 주는 회의가 여러 개 (　　) 매우 바쁠 것 같다.

① 갇혀서　　② 건네서　　③ 견뎌서　　④ 겹쳐서

(7) 그의 어려운 가정 형편을 (　　) 장학금 대상자로 추천했다.

① 거래해서　　② 경고해서　　③ 고려해서　　④ 고정해서

4. 다음 ( )에 들어갈 수 없는 단어를 고르세요.

(1)
| ( )을/를 하다 |

① 개혁　　② 거래　　③ 격려　　④ 견해

(2)
| ( )을 겪다 |

① 경력　　② 고통　　③ 불편　　④ 어려움

5. 다음 단어를 보고 연상되는 단어를 보기 에서 고르세요.

| 보기　　　경고　　경영　　고정 |

(1)　관념　　수입　　출연　　→ _____
(2)　기업　　사장　　사업　　→ _____
(3)　주의　　반칙　　노란색　→ _____

6. 다음 ( ) 안에 공통적으로 들어갈 단어를 고르세요.

(1)
지금처럼 ( )가 좋지 않을 때에는 절약해서 써야 한다.
이번 ( )는 시작부터 끝까지 손에 땀이 날 정도로 긴장감이 넘쳤다.

① 견해　　② 경고　　③ 경기　　④ 계기

(2)
설거지를 하려고 긴팔 티셔츠를 ( ) 올렸다.
비가 오니까 빨리 빨래를 ( ) 돼요.

① 걷다　　② 겪다　　③ 겹치다　　④ 견디다

(3)
비빔밥에 참기름을 조금 넣으니까 ( ) 더 맛있네요.
그 얄미운 사람이 시험에 떨어졌다니 그것 참 ( ).

① 간절하다　　② 고소하다　　③ 고요하다　　④ 고유하다

7. 다음 두 단어의 관계가 나머지 셋과 다른 것을 고르세요.

(1)
① 결코 – 절대로   ② 견디다 – 참다
③ 게다가 – 더구나   ④ 거만하다 – 겸손하다

(2)
① 간접적 – 직접적   ② 객관적 – 주관적
③ 거칠다 – 부드럽다   ④ 고요하다 – 조용하다

8. 다음 ( ) 안에 알맞은 단어를 보기 에서 고르세요.

보기   경력   경쟁   경향   고정

(1) 우리 회사에서는 올해 (   ) 사원을 모집할 계획이에요.
(2) 그 사람은 자기 능력보다 과장되게 말하는 (   )이 있다.
(3) 그는 이 프로그램에 (   )으로 출연하게 되어 매우 기뻐했다.
(4) 요즘 공무원이라는 직업이 인기가 많아져서 (   )이 치열하다.

9. 이것은 무엇입니까? 다음을 읽고 내용에 맞는 단어를 보기 에서 고르세요.

보기   견해   계기   고유

(1) 어떤 사물이나 현상에 대한 자기의 의견이나 생각을 말합니다.
이것은 (   )입니다.

(2) 본래부터 가지고 있는 특별한 것을 말합니다. 우리나라만이 가지고 있는 문화나 음식, 의상 등을 말할 때 이 단어를 사용합니다.
이것은 (   )입니다.

(3) 어떤 일이 일어나거나 바뀌도록 만드는 중요한 원인이나 기회를 말합니다. 어떤 일을 한 이후로 그것 때문에 변화가 생길 때 이 단어를 사용합니다.
이것은 (   )입니다.

28일차 연습 ①

결과: ○ 24개 이상 ▲ / ○ 23개 이하 ▼

쓰면서 외워 봅시다. 외운 단어에는 ○ 해 보세요.

번호	한국어	의미	연습하기
①	고집 [명]		고집
2	골다 [동]		
3	공감 [명]		
4	공개 [명]		
5	공격 [명]		
6	공급 [명]		
7	공동체 [명]		
8	공손하다 [형]		
9	공적 [명]		
10	공지 [명]		
11	공해 [명]		
12	과소비 [명]		
13	과속 [명]		
14	과연 [부]		
15	관점 [명]		
16	괜히 [부]		
17	괴롭다 [형]		
18	괴롭히다 [동]		
19	굉장하다 [형]		
20	교대 [명]		
21	교류 [명]		
22	교양 [명]		
23	교체 [명]		
24	교훈 [명]		
25	구르다 [동]		
26	구매 [명]		
27	구별 [명]		
28	구분 [명]		
29	구석 [명]		
30	구성 [명]		

28일차 연습 2

1. 다음 그림과 관계있는 말을 연결하세요.

(1)  • • ① 코를 골고 있어요.

(2)  • • ② 공이 구르고 있어요.

(3)  • • ③ 구석에 사람이 있어요.

2. 다음 그림을 보고 문장을 완성하세요.

(1)  도시는 소음 _____ (이/가) 심해요.

(2)  내 친구는 _____ (이/가) 심해요.

(3)  게임할 때 점수를 얻으려면 수비보다 _____ (이/가) 더 중요하다고 생각해요.

3. 다음 ( ) 안에 가장 알맞은 단어를 고르세요.

(1) 학생들에게 시험을 보는 날짜가 바뀌었다고 ( )를 했다.

① 공지　② 공해　③ 교체　④ 구매

(2) 아이가 장난감을 사 달라고 ( )을 부리면서 울고 있다.

① 고집　② 공급　③ 공격　④ 구성

(3) 이 책은 특히 30대 여성들에게 많은 ( )을 불러일으켰다.

① 경력　② 공감　③ 관점　④ 구분

(4) 큰 교통사고의 대부분의 원인은 ( ) 운전 때문이다.

① 개혁　② 거래　③ 과속　④ 구석

(5) 그는 정치인이 되기 전부터 사회 각층의 사람들과 많은 ( )를 해 왔다.

① 경기　② 고려　③ 교대　④ 교류

(6) 그 사람은 뛰어난 외모와 폭넓은 ( )을 갖춘 사람이다.

① 경영　② 경쟁　③ 교양　④ 교훈

(7) 가정은 사회를 이루는 가장 기본적인 단위의 ( )이다.

① 공개　② 구별　③ 공동체　④ 과소비

4. 다음 두 단어의 관계가 나머지 셋과 다른 것을 고르세요.

   (1)
   > ① 공개 – 비공개 ② 공급 – 수요
   > ③ 괴롭다 – 즐겁다 ④ 구별하다 – 구분하다

   (2)
   > ① 끊다 – 끊기다 ② 쌓다 – 쌓이다
   > ③ 먹다 – 먹히다 ④ 괴롭다 – 괴롭히다

5. 다음 밑줄 친 부분과 반대되는 의미의 단어를 고르세요.

   (1)
   > 경기 초반부터 우리 선수들은 상대편을 향해 공격을 시작했다.

   ① 공감   ② 공개   ③ 수리   ④ 수비

   (2)
   > 혼자보다 여러 명이 공동으로 구매하는 것이 훨씬 경제적이다.

   ① 구성하다   ② 구입하다   ③ 판매하다   ④ 평가하다

   (3)
   > 아랫사람이 윗사람에게 불손한 태도로 대하는 것은 예의에 어긋난다.

   ① 가난하다   ② 공손하다   ③ 굉장하다   ④ 구수하다

6. 다음 문장에 알맞은 단어를 (   ) 안에서 골라 ○ 하세요.

   (1) 저는 그 사람과 일 때문에 (공적, 사적)으로 만난 사이예요.
   (2) 이번 사건이 우리에게 주는 (교양, 교훈)을 잊으면 안 된다.
   (3) 간호사들은 하루에 여덟 시간씩 세 사람이 (교대, 교체)로 근무를 해요.
   (4) 경기 중 선수가 부상을 당하는 바람에 갑자기 선수를 (교대, 교체)했다.
   (5) 어렸을 때 동생을 (괴로워서, 괴롭혀서) 부모님에게 자주 야단을 맞았다.

28일차

7. 다음 밑줄 친 부분과 비슷한 의미의 단어를 고르세요.

(1) 이 소설은 어린아이의 시각에서 본 어른들의 세계를 이야기하고 있다.

① 고집   ② 공감   ③ 공개   ④ 관점

(2) 다른 사람 일에 쓸데없이 간섭하지 말고 네 일이나 잘해.

① 결코   ② 과연   ③ 괜히   ④ 금방

(3) 텔레비전 오디션 프로그램에 참가한 그 가수는 노래 실력이 상당하다.

① 고소하다   ② 고요하다   ③ 공손하다   ④ 굉장하다

8. 다음 ( ) 안에 알맞은 단어를 보기 에서 고르세요.

보기	과연 괜히

(1) 그 사람은 소문으로 들었던 대로 (   ) 뛰어난 인재였다.
(2) 모임에 참석했는데 너무 지루해서 (   ) 왔다는 생각이 들었다.

9. 다음이 설명하고 있는 어휘는 무엇입니까? 맞는 단어를 보기 에서 고르세요.

보기	교대하다 구분하다 구성하다

(1) 일정한 기준에 따라 전체를 몇 개로 나누다.   → _____
(2) 몇 개의 부분을 모아서 일정한 전체를 이루다.   → _____
(3) 어떤 일을 여러 명이 나누어서 차례에 따라 맡아서 하다.   → _____

29일차 연습 ①

결과 ○ 24개 이상 ▲ ○ 23개 이하 ▼
이렇게 하세요. 연습 2로 응! 다시 한번 암기~!

쓰면서 외워 봅시다. 외운 단어에는 ○ 해 보세요.

번호	한국어	의미	연습하기
①	구속 [명]		구속
2	구조² [명]		
3	구하다 [동]		
4	굳이 [부]		
5	굽히다 [동]		
6	권력 [명]		
7	권리 [명]		
8	권위 [명]		
9	권유 [명]		
10	귀중하다 [형]		
11	귀하다 [형]		
12	규모 [명]		
13	규정 [명]		
14	균형 [명]		
15	그다지 [부]		
16	극복 [명]		
17	극히 [부]		
18	근거 [명]		
19	근본적 [명]		
20	근심 [명]		
21	굵다 [동]		
22	금하다 [동]		
23	급격히 [부]		
24	급속히 [부]		
25	급증 [명]		
26	기부 [명]		
27	기술 [명]		
28	기여 [명]		
29	기울다 [동]		
30	기울이다 [동]		

29일차 연습 2

1. 다음 그림과 관계있는 말을 연결하세요.

(1)  • • ① 균형을 잡고 있어요.

(2)  • • ② 구조 요청을 했어요.

(3)  • • ③ 출입을 금하는 곳이에요.

2. 다음 그림을 보고 문장을 완성하세요.

(1)  한국에서는 허리를 _____ (-아/어서) 인사를 해요.

(2)  벽에 걸린 그림이 한쪽으로 _____ (-았/었어요).

(3)  알레르기 때문에 간지러워서 _____ (-고 있어요).

3. 다음 ( ) 안에 가장 알맞은 단어를 고르세요.

(1) 나는 아무도 ( )을/를 하지 않는 자유로운 분위기에서 일하고 싶다.

① 구속　　② 권력　　③ 권위　　④ 균형

(2) 우리 회사는 사업 ( )를 더 키우기 위해 해외로 진출할 계획이다.

① 구조　　② 권리　　③ 규모　　④ 근거

(3) 자동차 회사에서 자율 주행 자동차를 개발하면서 ( ) 경쟁이 치열하다.

① 규정　　② 극복　　③ 근심　　④ 기술

(4) 같은 사고가 계속 발생하는 걸 보니 ( )인 대책이 필요하다.

① 감정적　　② 공격적　　③ 권위적　　④ 근본적

(5) 나이가 들수록 등이 가려울 때 옆에서 등을 ( ) 줄 사람이 필요하다.

① 건네　　② 견뎌　　③ 구해　　④ 긁어

(6) 무더운 날씨가 계속되면서 에어컨 수요가 ( ) 있다.

① 구하고　　② 금하고　　③ 급증하고　　④ 기울이고

(7) 우리 모두 하나가 되어 어려움을 ( ) 앞을 향해 나아갑시다.

① 극복하고　　② 규정하고　　③ 권유하고　　④ 기여하고

29일차

4. 다음 밑줄 친 부분과 비슷한 의미의 단어를 고르세요.

(1) 어머니는 무슨 <u>걱정</u>이 그리도 많은지 계속 한숨을 쉬고 계셨다.

① 구속　　② 권리　　③ 극복　　④ 근심

(2) 그 사람은 나라의 발전에 큰 <u>공헌</u>을 하신 분이다.

① 규정　　② 근거　　③ 기부　　④ 기여

(3) 이곳은 군사지역이라서 일반인의 출입을 <u>금지하는</u> 곳입니다.

① 구하는　　② 굽히는　　③ 금하는　　④ 기우는

5. 다음 ( ) 안에 공통적으로 들어갈 단어를 고르세요.

(1) 산에서 다리를 다치는 바람에 휴대폰으로 119에 (　　)을/를 요청했다.
사는 곳의 환경과 기후에 따라 집의 (　　)이/가 다르다.

① 구멍　　② 구속　　③ 구역　　④ 구조

(2) 편의점에서 일할 사람을 (　　) 있다고 들었어요.
병원에서 일하는 의사나 간호사들은 수많은 생명을 (　　) 분들이다.

① 구하다　　② 굽히다　　③ 금하다　　④ 구조하다

6. 다음 문장에 알맞은 단어를 ( ) 안에서 골라 ○ 하세요.

(1) 태풍이 얼마나 강했는지 나무가 옆으로 (기울어, 기울여) 있다.
(2) 옛날에는 임금이나 왕이 절대적인 (권위, 권유)를 가지고 있었다.
(3) 과학 기술이 발달하면서 현대 사회가 (간신히, 급속히) 변화하고 있다.
(4) 그 정치인은 (권력, 권리)을/를 잡더니 모든 것을 마음대로 하려고 한다.

7. 다음 밑줄 친 부분과 반대되는 의미의 단어를 고르세요.

(1) 나는 비행기에서 내리자마자 허리를 펴고 스트레칭을 했다.

① 구하다　② 굽히다　③ 금하다　④ 기울다

(2) 요즘에는 연예인이라는 직업이 인기가 많지만 옛날에는 천한 신분으로 여겨졌다.

① 거칠다　② 공손하다　③ 귀하다　④ 가득하다

8. 다음 (　) 안에 알맞은 단어를 보기에서 고르세요.

| 보기 | 굳이　극히　그다지　급격히 |

(1) 기온이 (　　) 떨어지자 길거리의 사람들이 하나둘씩 사라졌다.
(2) 이런 상황에서 그 사람이 화를 내는 것은 (　　) 당연한 일이다.
(3) 의사는 입원할 필요가 없다고 했는데 환자가 (　　) 입원하겠답니다.
(4) 그 사람은 어려움을 모르고 자라서 의지가 (　　) 강하지 않은 편이다.

9. 다음이 설명하고 있는 어휘는 무엇입니까? 맞는 단어를 보기에서 고르세요.

| 보기 | 권유하다　귀중하다　기부하다 |

(1) 귀하고 중요하다. → ＿＿＿＿
(2) 어떤 일을 하도록 권하다. → ＿＿＿＿
(3) 어려운 이웃이나 공공사업을 돕기 위해 돈, 물건 등을 대가 없이 내놓다. → ＿＿＿＿

  연습 ①

쓰면서 외워 봅시다. 외운 단어에는 ◯ 해 보세요.

번호	한국어	의미	연습하기
①	기적 몡		기적
2	기존 몡		
3	기혼 몡		
4	기후 몡		
5	깊이 閈, 몡		
6	까다롭다 휑		
7	까닭 몡		
8	깔다 됭		
9	깜깜하다 휑		
10	깜박하다 됭		
11	깨다 됭		
12	깨닫다 됭		
13	깨뜨리다 됭		
14	깨우다 됭		
15	꺾다 됭		
16	꼼꼼하다 휑		
17	꼽히다 됭		
18	꽂히다 됭		
19	꾸다 됭		
20	꾸리다 됭		
21	꾸미다 됭		
22	꾸준하다 휑		
23	꾸중 몡		
24	꿇다 됭		
25	끄덕이다 됭		
26	끊임없다 휑		
27	끌리다 됭		
28	끼다² 됭		
29	끼어들다 됭		
30	끼우다 됭		

30일차 연습 2

1. 다음 그림과 관계있는 말을 연결하세요.

(1)  • • ① 무릎을 꿇었어요.

(2)  • • ② 유리창을 깨뜨렸어요.

(3) 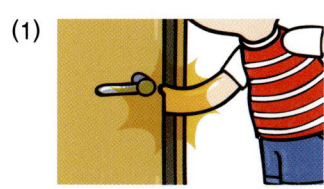 • • ③ 고개를 끄덕이고 있어요.

2. 다음 그림을 보고 문장을 완성하세요.

(1)  손가락이 문에 _____ (-아/어서) 너무 아팠어요.

(2)  꽃병에 예쁜 꽃이 _____ (-아/어 있어요).

(3) 방이 너무 _____ (-아/어서) 아무것도 안 보여요.

3. 다음 ( ) 안에 가장 알맞은 단어를 고르세요.

(1) 아이는 선생님께 ( )을/를 들을까 봐 겁을 먹은 표정으로 서 있었다.

① 규정　② 기후　③ 까닭　④ 꾸중

(2) ( )의 생각과 사고를 뛰어넘어야 새로운 것을 창조할 수 있다.

① 기적　② 기존　③ 기혼　④ 깊이

(3) 바닥에 이불을 ( ) 놓았으니 들어가서 주무세요.

① 깔아　② 깨워　③ 꾸려　④ 꿇어

(4) 그 사람은 사기꾼이라서 그런지 거짓말을 진짜처럼 그럴 듯하게 잘 ( ).

① 꾸린다　② 꾸민다　③ 끌린다　④ 끼운다

(5) 김 과장님은 일 처리가 어찌나 ( ) 빈틈이 없다.

① 공손한지　② 깜깜한지　③ 꼼꼼한지　④ 꾸준한지

(6) 오늘 친구 생일이었는데 ( ) 연락을 하지 못했다.

① 깜박하고　② 깨뜨리고　③ 끄덕이고　④ 끼어들고

(7) 다른 사람이 말할 때 불쑥 ( ) 건 좋지 않은 습관이다.

① 깜박하는　② 깨뜨리는　③ 끄덕이는　④ 끼어드는

TOPIK II

4. 다음 단어를 보고 연상되는 단어를 보기 에서 고르세요.

> 보기   깔다   깨다   꺾다

(1)   나무   꽃   고집   → _____
(2)   유리   그릇   약속   → _____
(3)   이불   방석   자리   → _____

5. 다음 (   ) 안에 공통적으로 들어갈 단어를 고르세요.

(1)
> 설거지를 하다가 그릇을 (   ) 어머니께 꾸중을 들었다.
> 어제 술을 너무 많이 마셔서 아직도 술이 안 (   ) 것 같다.

① 깔다   ② 깨다   ③ 꺾다   ④ 꾸다

(2)
> 사람의 마음은 넓고 깊어서 그 (   )를 알기가 어렵다.
> 수많은 사람이 탄 배가 바닷속으로 (   ) 가라앉았다.

① 기여   ② 기초   ③ 기후   ④ 깊이

(3)
> 치마가 너무 길어서 바닥에 (   ) 정도이다.
> 그 사람을 보자마자 나도 모르게 마음이 (   ).

① 구르다 ② 꼽히다 ③ 꾸리다 ④ 끌리다

6. 다음 밑줄 친 부분과 비슷한 의미의 단어를 고르세요.

(1)
> 살이 너무 많이 찌면 건강에 안 좋으니까 <u>꾸준하게</u> 관리를 해야 돼요.

① 공손하게 ② 귀중하게 ③ 꼼꼼하게 ④ 끊임없이

(2)
> 나는 그 사람이 떠난 후에야 그의 소중함을 <u>알았다</u>.

① 깼다   ② 깔았다   ③ 깨웠다   ④ 깨달았다

7. 다음 밑줄 친 부분과 반대되는 의미의 단어를 고르세요.

(1) 친구에게 돈을 <u>갚기</u> 위해 열심히 아르바이트를 하고 있다.

① 깔다 ② 깨다 ③ 꺾다 ④ 꾸다

(2) 지금 아기를 <u>재우고</u> 있으니까 TV 소리 좀 작게 줄여 주세요.

① 기울다 ② 깨우다 ③ 끼우다 ④ 세우다

(3) 늦은 시간인데도 그 사람의 집에는 <u>환하게</u> 불이 켜져 있었다.

① 까다롭다 ② 깔끔하다 ③ 깜깜하다 ④ 꼼꼼하다

8. 다음 문장에 알맞은 단어를 ( ) 안에서 골라 ○ 하세요.

(1) 그 의사는 뇌 분야에서 손에 (꼽히는, 꽂히는) 분이시다.
(2) 여행을 자주 다니다 보니까 가방을 (꾸리는, 꾸미는) 속도가 아주 빠르다.
(3) 이 식물은 어찌나 (까다로운지, 꼼꼼한지) 조금만 신경을 못 써도 죽어 버린다.
(4) 앨범에 사진을 (깨워, 끼워) 넣으면서 그때의 추억이 다시 떠올라서 기분이 좋았다.

9. 이것은 무엇입니까? 다음을 읽고 내용에 맞는 단어를 보기 에서 고르세요.

보기   기적   기후   까닭

(1) 어떤 일이나 현상이 생기게 된 원인 또는 조건을 말합니다.
이것은 ( )입니다.

(2) 상식으로는 도저히 이해할 수 없는 신기하고 이상한 일을 말합니다. 고치기 힘든 병에 걸렸을 때 이것을 바라는 경우가 많습니다.
이것은 ( )입니다.

(3) 기온, 비, 눈, 바람 등의 대기의 상태를 말합니다. 또는 일정한 지역에서 몇 년 동안 나타나는 기온, 비, 눈, 바람 등의 평균 상태를 의미하기도 합니다.
이것은 ( )입니다.

31일차 연습 1

결과 ○ 24개 이상 ▲ ○ 23개 이하 ▼
이렇게 하세요. 연습 2로 응! 다시 한번 암기~!

쓰면서 외워 봅시다. 외운 단어에는 ○ 해 보세요.

번호	한국어	의미	연습하기
①	끼치다 [동]		끼치다
2	나뉘다 [동]		
3	나란히 [부]		
4	나름 [의]		
5	나무라다 [동]		
6	나서다 [동]		
7	나아가다 [동]		
8	난리 [명]		
9	난처하다 [형]		
10	날아다니다 [동]		
11	날카롭다 [형]		
12	낭비 [명]		
13	낮추다 [동]		
14	내놓다 [동]		
15	내려다보다 [동]		
16	내밀다 [동]		
17	내버리다 [동]		
18	내쫓다 [동]		
19	너그럽다 [형]		
20	너머 [명]		
21	넉넉하다 [형]		
22	넓히다 [동]		
23	넘기다 [동]		
24	넘어뜨리다 [동]		
25	넘치다 [동]		
26	노동 [명]		
27	노려보다 [동]		
28	녹이다 [동]		
29	논리 [명]		
30	논의 [명]		

31일차 연습 2

1. 다음 그림과 관계있는 말을 연결하세요.

(1) •   • ① 난리

(2) •   • ② 너머

(3) •   • ③ 나란히

2. 다음 그림을 보고 문장을 완성하세요.

(1) 새들이 _____ (-고 있어요).

(2) 사람들이 서울 시내를 _____ (-고 있어요).

(3)  선수들이 서로 _____ (-고 있어요).

TOPIK II

3. 다음 ( ) 안에 가장 알맞은 단어를 고르세요.

(1)
> 이 영화는 흥행에 실패했지만 ( ) 볼만하다.

① 나름　　② 난리　　③ 너머　　④ 녹음

(2)
> 그는 나름대로 ( )을/를 펼쳤지만 설득력은 부족했다.

① 낭비　　② 노동　　③ 논리　　④ 논의

(3)
> 도움이 필요한 이웃에게 손을 ( ) 주세요.

① 나서　　② 내놓아　　③ 내밀어　　④ 내쫓아

(4)
> 옷장 안에 있는 옷을 다 바깥으로 ( ) 정리를 시작했다.

① 나뉘고　　② 나서고　　③ 낮추고　　④ 내놓고

(5)
> 이곳은 집중 호우 때마다 물이 ( ) 물이 들어오지 않도록 둑을 쌓았다.

① 넓혀서　　② 넘겨서　　③ 넘쳐서　　④ 녹여서

(6)
> 쓰레기를 아무 데나 ( ) 안 됩니다.

① 나무라면　　② 나아가면　　③ 내버리면　　④ 노려보면

(7)
> 두 사람 사이에서 입장이 ( ) 같이 있기가 불편했다.

① 난처해서　　② 넉넉해서　　③ 너그러워서　　④ 날카로워서

31 일차

4. 다음 밑줄 친 부분과 반대되는 의미의 단어를 고르세요.

(1) 노후를 위해 <u>절약</u>하는 것도 좋지만 현재를 즐기는 것도 중요하다고 생각해요.

① 난리　　② 낭비　　③ 너머　　④ 논의

(2) 선생님은 대회에 나가서 상을 받은 학생을 <u>칭찬했다</u>.

① 나무라다　　② 나아가다　　③ 내버리다　　④ 노려보다

5. 다음 (　) 안에 공통적으로 들어갈 단어를 고르세요.

(1) 그는 선생님의 (　　) 질문에 잠시 당황했지만 논리적으로 잘 대답했다.
칼이 (　　) 사용할 때 주의하세요.

① 나서다　　② 넘치다　　③ 난처하다　　④ 날카롭다

(2) 다른 사람에게 베풀 줄 알고 (　　) 마음을 지닌 사람이 되고 싶습니다.
그는 시간도 많고 돈도 (　　) 여유로워 보인다.

① 나뉘다　　② 너그럽다　　③ 넉넉하다　　④ 넘어뜨리다

6. 다음 단어를 보고 연상되는 단어를 보기 에서 고르세요.

보기	끼치다	낮추다	넓히다	녹이다
(1)	얼음	몸	마음	→ _____
(2)	가격	자세	수준	→ _____
(3)	도로	가게	견문	→ _____
(4)	영향	걱정	불편	→ _____

7. 다음 밑줄 친 부분과 비슷한 의미의 단어를 고르세요.

(1) 학생들은 의자 위에 올라가고 책상을 두드리며 <u>야단</u>을 떨었어요.

① 난리　　　② 냉동　　　③ 녹음　　　④ 늦잠

(2) 요즘 사람들은 보다 좋은 <u>근로</u> 환경에서 일하기를 원한다.

① 냉방　　　② 노동　　　③ 논리　　　④ 논의

8. 다음 (　　) 안에 가장 알맞은 단어를 보기 에서 골라서 문장을 완성하세요.

| 보기 | 나서다　　　내쫓다　　　넘기다 |

(1) 집주인이 월세가 밀린 세입자를 (　　　).
(2) 아이를 키우는 주부들이 환경 보호를 위해 (　　　).
(3) 유통기한을 (　　　) 음식은 되도록 먹지 않는 것이 좋아요.

9. 다음 단어 중에서 보기 의 단어와 관계가 <u>없는</u> 것을 고르세요.

(1) | 보기 | 난리 |

① 겪다　　　② 나다　　　③ 떨다　　　④ 하다

(2) | 보기 | 쓰레기 |

① 내놓다　　　② 내쫓다　　　③ 넘치다　　　④ 내버리다

32일차 연습 ①

결과 ○ 24개 이상 ▲ ○ 23개 이하 ▼
이렇게 하세요. 연습 2로 GO! 다시 한번 암기~!

쓰면서 외워 봅시다. 외운 단어에는 ○ 해 보세요.

번호	한국어	의미	연습하기
①	논쟁 명		논쟁
2	놀리다 동		
3	농업 명		
4	눈길 명		
5	눈치 명		
6	눕히다 동		
7	느긋하다 형		
8	느끼하다 형		
9	늘어놓다 동		
10	늘이다 동		
11	늦어지다 동		
12	늦추다 동		
13	다가가다 동		
14	다가서다 동		
15	다듬다 동		
16	다루다 동		
17	다름없다 형		
18	다물다 동		
19	다짐 명		
20	다투다 동		
21	다행스럽다 형		
22	단골 명		
23	단독 명		
24	단속 명		
25	달래다 동		
26	달려가다 동		
27	달려들다 동		
28	달리다 동		
29	달성 명		
30	달아나다 동		

32일차 연습 2

1. 다음 그림과 관계있는 말을 연결하세요.

(1)  • • ① 농업

(2)  • • ② 눈길

(3)  • • ③ 단속

2. 다음 그림을 보고 문장을 완성하세요.

(1) 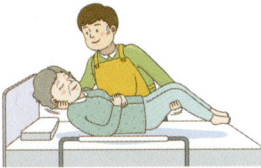 아들이 엄마를 _____ (-고 있어요).

(2)  형이 동생을 _____ (-고 있어요).

(3)  경찰이 아이를 _____ (-고 있어요).

3. 다음 ( ) 안에 가장 알맞은 단어를 고르세요.

(1) 두 사람이 서로 다른 주장만 하다 보니 ( )이 끊이지 않았다.

① 논쟁　　② 농업　　③ 눈길　　④ 단독

(2) 한 번 간 이후로 ( )이 되어서 몇 년째 이 미용실만 다니고 있다.

① 다짐　　② 단골　　③ 단속　　④ 달성

(3) 퇴근이 조금 늦을 것 같은데 약속 시간을 조금 ( ) 수 있을까요?

① 놀릴　　② 눕힐　　③ 늘일　　④ 늦출

(4) 아이가 입을 꼭 ( ) 아무 말도 하지 않네요.

① 다듬고　　② 다루고　　③ 다물고　　④ 다투고

(5) 몰래 담배를 피우던 학생들은 선생님이 나타나자 ( ) 시작했어요.

① 다가가기　　② 다가서기　　③ 달려들기　　④ 달아나기

(6) 친구가 하소연을 너무 ( ) 듣기가 조금 힘들었어요.

① 늘어져서　　② 다가가서　　③ 달려가서　　④ 늘어놓아서

(7) 할머니가 병원에 입원하셨는데 점점 회복하고 계셔서 정말 ( ).

① 느긋하다　　② 느끼하다　　③ 다름없다　　④ 다행스럽다

4. 다음 두 단어의 관계가 나머지 셋과 다른 것을 고르세요.

   (1)
   ① 다짐 – 각오　　　　　② 달성 – 성취
   ③ 다물다 – 벌리다　　　④ 달래다 – 타이르다

   (2)
   ① 늘이다 – 줄이다　　　② 늦추다 – 앞당기다
   ③ 느긋하다 – 조급하다　④ 다름없다 – 동일하다

5. 다음 (　　) 안에 공통적으로 들어갈 단어를 고르세요.

   (1)
   이번에 들어온 신입사원은 성실한 데다가 (　　　)까지 빠르다.
   사회생활을 할 때는 어쩔 수 없이 (　　　)을/를 볼 때가 있다.

   ① 눈길　　② 눈치　　③ 단골　　④ 단독

   (2)
   언니는 샤워를 하고 나와서 손톱을 (　　　) 있어요.
   마감이 내일이라서 글을 (　　　) 있어요.

   ① 다듬다　　② 다루다　　③ 다물다　　④ 달래다

6. 다음 (　　) 안에 가장 알맞은 단어를 보기 에서 골라서 문장을 완성하세요.

   보기　　느긋하다　　느끼하다　　다름없다

   (1) 이곳은 제 단골 식당인데 처음 왔을 때와 맛이 (　　　).
   (2) 명절 음식은 기름에 부친 음식이 많아서 많이 먹으면 (　　　).
   (3) 어머니는 성격이 급하신데 아버지는 어머니와 다르게 아주 (　　　).

7. 다음 단어 중에서 보기 의 단어와 관계가 없는 것을 고르세요.

(1) 보기 　　　　　　　　　눈길

① 가다　　② 끌다　　③ 주다　　④ 하다

(2) 보기 　　　　　　　　　단속

① 하다　　② 모으다　　③ 벌이다　　④ 피하다

(3) 보기 　　　　　　　　　다짐

① 받다　　② 주다　　③ 하다　　④ 저버리다

8. 다음 단어와 관계가 있는 동사를 보기 에서 고르세요.

보기	늦추다	다루다	달리다

(1)　속력　　기한　　시간　→ _____
(2)　악기　　문제　　업무　→ _____
(3)　열매　　제목　　설명　→ _____

9. 다음 문장에 알맞은 단어를 (　　) 안에서 골라 ○ 하세요.

(1) 성공은 내가 어떻게 하느냐에 (달려 있다, 다가가 있다).
(2) 그 사람이 무대에 등장하자 관객들의 (눈길, 눈치)이/가 쏠렸다.
(3) 키가 자라면서 바지 길이가 짧아져서 바지 밑단을 (늘였다, 늦췄다).

33일차 연습 ❶

결과 ○ 24개 이상 ▲   ○ 23개 이하 ▼
이렇게 하세요.   연습 2로 용!   다시 한번 암기~!

쓰면서 외워 봅시다. 외운 단어에는 ○ 해 보세요.

번호	한국어	의미	연습하기
①	달하다 [동]		달하다
2	닳다 [동]		
3	담당 [명]		
4	담백하다 [형]		
5	답변 [명]		
6	당기다 [동]		
7	당당하다 [형]		
8	당분간 [부], [명]		
9	당시 [명]		
10	당첨 [명]		
11	당하다 [동]		
12	대개 [부], [명]		
13	대기 [명]		
14	대다수 [명]		
15	대략 [부], [명]		
16	대비 [명]		
17	대상자 [명]		
18	대응 [명]		
19	대접 [명]		
20	대조 [명]		
21	대중문화 [명]		
22	대책 [명]		
23	대처 [명]		
24	대충 [부]		
25	더구나 [부]		
26	더럽히다 [동]		
27	더불다 [동]		
28	더위 [명]		
29	덧붙이다 [동]		
30	데우다 [동]		

33일차 연습 2

1. 다음 그림과 관계있는 말을 연결하세요.

(1)  • • ① 당첨이 되면 좋겠어요.

(2)  • • ② 따뜻하게 데우면 좋겠어요.

(3)  • • ③ 새 벽지를 덧붙이면 좋겠어요.

2. 다음 그림을 보고 문장을 완성하세요.

(1)    구두 굽이 거의 _____ (-았/었어요).

(2)    의자에 앉아서 잠시 _____ (-아/어 주세요).

(3)    아기가 옷을 계속 _____ (-고 있어요).

TOPIK II

3. 다음 (   ) 안에 가장 알맞은 단어를 고르세요.

(1) 그 배우는 기자의 질문에 (   )을 하지 않았다.

① 담당　② 답변　③ 당첨　④ 대접

(2) 주말에 태풍 소식이 있으니 피해가 없도록 철저한 (   )가 필요합니다.

① 당시　② 대기　③ 대비　④ 대조

(3) 물가 안정을 위해 정부는 (   )을 마련해야 한다.

① 당첨　② 대략　③ 대책　④ 대충

(4) 주민 (   )이/가 반대해서 계획을 추진할 수 없게 됐다.

① 당분간　② 대다수　③ 대상자　④ 대중문화

(5) 관리 사무소에서는 사람들이 계곡물을 (   ) 않도록 관리하고 있다.

① 닳지　② 데우지　③ 더럽히지　④ 덧붙이지

(6) 제 발표가 끝나고 선생님이 (   ) 설명해 주셨어요.

① 닳아서　② 데워서　③ 당당해서　④ 덧붙여서

(7) 아이가 학교에서 따돌림을 (   ) 학교에 가는 것을 싫어한다.

① 달해서　② 당겨서　③ 당해서　④ 더불어서

4. 다음 단어 중에서 보기 의 단어와 관계가 없는 것을 고르세요.

(1) 보기   더위

① 타다   ② 하다   ③ 이기다   ④ 피하다

(2) 보기   답변

① 주다   ② 타다   ③ 피하다   ④ 기다리다

5. 다음 ( ) 안에 공통적으로 들어갈 단어를 고르세요.

(1)
요즘 미세 먼지와 배기가스로 (　　) 오염이 심각하다.
병원에 환자가 많아서 (　　) 시간이 길었다.

① 대기   ② 대비   ③ 대처   ④ 당시

(2)
기후변화로 자연재해가 빈번하게 발생하므로 신속한 (　　)이/가 필요하다.
그는 친구들의 괴롭힘에 아무런 (　　)을/를 하지 않았다.

① 대응   ② 대접   ③ 대조   ④ 대책

6. 다음 ( ) 안에 가장 알맞은 단어를 보기 에서 고르세요.

| 보기 | 대개 | 대충 | 당분간 | 더구나 |

(1) 늦게 일어나서 아침을 (　　) 먹고 출근했어요.
(2) 사람들은 (　　) 일하는 것보다 노는 것을 좋아하지요.
(3) 이 식당은 양도 많고 (　　) 가격도 저렴해서 사람이 많다.
(4) 남자 친구와 자주 싸워서 (　　) 만나지 않고 시간을 갖기로 했어요.

7. 다음 단어와 관계가 있는 동사를 보기 에서 고르세요.

보기	닮다	당하다	더불다

(1)   같이   함께   우리   → _____
(2)   사기   폭행   피해   → _____
(3)   지문   구두   소매   → _____

8. 이것은 무엇입니까? 다음을 읽고 내용에 맞는 단어를 보기 에서 고르세요.

보기	대책	대중문화

(1) 어떤 일에 대처할 계획이나 수단을 말합니다.
   이것은 (   )입니다.

(2) 대중이 중심이 되어 생산하고 소비하는 문화입니다.
   이것은 (   )입니다.

9. 다음 (   ) 안에 알맞은 단어를 보기 에서 골라서 문장을 완성하세요.

보기	대개	당기다	담백하다	당당하다

저는 솔직한 사람을 좋아합니다. 거짓말을 하는 사람은 신뢰할 수 없기 때문입니다. 솔직한 사람과는 편하게 이야기할 수 있고 서로의 의견을 눈치 보지 않고 (   ) 얘기할 수 있기 때문에 오히려 더 좋은 관계를 유지할 수 있습니다.

그리고 저는 (   ) 음식을 좋아합니다. 스트레스를 받을 때는 가끔 자극적인 음식이 (   )도 하지만 (   )는 싱겁고 깔끔한 음식을 선호합니다.

34일차 연습 ①

결과 ○ 24개 이상 ▲ ○ 23개 이하 ▼
이렇게 하세요. 연습 2로 go! 다시 한번 암기~!

쓰면서 외워 봅시다. 외운 단어에는 ○ 해 보세요.

번호	한국어	의미	연습하기
①	도대체 [부]		도대체
2	도리어 [부]		
3	도망치다 [동]		
4	도입 [명]		
5	도저히 [부]		
6	도전 [명]		
7	독립 [명]		
8	독특하다 [형]		
9	독하다 [형]		
10	돌아보다 [동]		
11	돌아서다 [동]		
12	동기 [명]		
13	동의 [명]		
14	동일하다 [형]		
15	되도록 [부]		
16	되돌리다 [동]		
17	되돌아가다 [동]		
18	되살리다 [동]		
19	되풀이 [명]		
20	두뇌 [명]		
21	두드러지다 [동]		
22	두드리다 [동]		
23	두렵다 [형]		
24	두리번거리다 [동]		
25	둘러보다 [동]		
26	둘러싸이다 [동]		
27	둘레 [명]		
28	뒤따르다 [동]		
29	뒤떨어지다 [동]		
30	뒤집다 [동]		

연습 2

1. 다음 그림과 관계있는 말을 연결하세요.

(1) 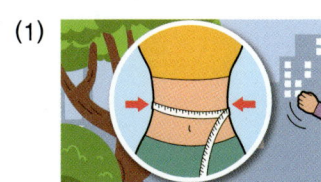 • • ① 도전

(2)  • • ② 두뇌

(3)  • • ③ 둘레

2. 다음 그림을 보고 문장을 완성하세요.

(1)    도둑이 _____ (-고 있어요).

(2)    엄마가 문을 _____ (-고 있어요).

(3)   여자가 옷을 _____ (-고 있어요).

3. 다음 ( ) 안에 가장 알맞은 단어를 고르세요.

(1) 우리 회사는 외국에서 개발된 최신 기술 ( )에 대해 검토하고 있다.

① 대처　　② 도입　　③ 도전　　④ 독립

(2) 이 의견에 ( )를 하는 분은 손을 들어 주세요.

① 대기　　② 동기　　③ 동의　　④ 두뇌

(3) 집안일을 도와주다가 ( ) 방해만 됐다.

① 도대체　　② 도리어　　③ 도저히　　④ 되도록

(4) 이 드라마의 소재가 ( ) 사람들에게 흥미를 끌고 있다.

① 독해서　　② 독특해서　　③ 동일해서　　④ 두려워서

(5) 거의 말라버린 꽃을 정성껏 돌봐서 ( ).

① 도망쳤다　　② 돌아봤다　　③ 되돌렸다　　④ 되살렸다

(6) 부모님 선물을 사려고 백화점 이곳저곳을 ( ).

① 돌아섰다　　② 두드렸다　　③ 둘러봤다　　④ 뒤따랐다

(7) 이 호텔은 산으로 ( ) 공기가 맑고 경치가 좋다.

① 되돌아가서　　② 두드러져서　　③ 둘러싸여서　　④ 뒤떨어져서

4. 다음 두 단어의 관계가 나머지 셋과 <u>다른</u> 것을 고르세요.

(1)
① 독립 – 자립   ② 동기 – 결과
③ 되풀이 – 반복   ④ 되도록 – 가급적

(2)
① 두드리다 – 치다   ② 독특하다 – 색다르다
③ 동의하다 – 반대하다   ④ 동일하다 – 다름없다

5. 다음 단어를 보고 연상되는 단어를 보기 에서 고르세요.

| 보기 | 동기 | 둘레 | 되풀이 |

(1) 연습   반복   훈련   → _____
(2) 이유   원인   계기   → _____
(3) 허리   가슴   머리   → _____

6. 다음 ( )에 들어갈 수 <u>없는</u> 단어를 고르세요.

(1) 아이가 무슨 생각을 하는지 (　　) 알 수가 없어요.

① 도대체　② 도리어　③ 도무지　④ 도저히

(2) 할 수만 있다면 행복했던 과거로 시간을 (　　) 싶다.

① 돌리고　② 되돌리고　③ 되돌아가고　④ 뒤떨어지고

(3) 누군가 나를 부르는 소리가 들려서 (　　) 아무도 없었어요.

① 둘러봤지만　② 돌아봤지만　③ 둘러싸였지만　④ 두리번거렸지만

7. 다음 ( ) 안에 공통적으로 들어갈 단어를 고르세요.

(1)
> 저는 맥주나 칵테일보다 양주나 보드카 같은 (　　　) 술을 더 선호합니다.
> 향수 냄새가 너무 (　　　) 머리가 아플 지경이다.

① 독하다　　② 두렵다　　③ 독특하다　　④ 동일하다

(2)
> 전화번호가 기억나지 않아 기억을 (　　　) 봤지만 생각이 나지 않았다.
> 그는 사라져가는 국악을 (　　　) 위해서 애쓰고 있다.

① 되살리다　　② 두드리다　　③ 뒤따르다　　④ 뒤떨어지다

8. 다음 문장에 알맞은 단어를 (　　　) 안에서 골라 ○ 하세요.

(1) 누군가 문을 (두드려서, 두드려져서) 문을 열었더니 아무도 없었다.
(2) 시간을 과거로 (되돌릴, 되살릴) 수 있다면 언제로 돌아가고 싶습니까?
(3) 그 사람을 이해해 보려고 노력했지만 (도리어, 도저히) 이해가 되지 않아요.

9. 다음 단어 중에서 보기 의 단어와 관계가 <u>없는</u> 것을 고르세요.

(1) | 보기 | 동의 |

① 받다　　② 얻다　　③ 주다　　④ 하다

(2) | 보기 | 동기 |

① 되다　　② 유발하다　　③ 부여하다　　④ 실시하다

35일차 연습 ①

결과 ○ 24개 이상 ▲ ○ 23개 이하 ▼
이렇게 하세요. 연습 2로 응! 다시 한번 암기~!

쓰면서 외워 봅시다. 외운 단어에는 ○ 해 보세요.

번호	한국어	의미	연습하기
①	드나들다 [동]		드나들다
2	드러내다 [동]		
3	드물다 [형]		
4	든든하다 [형]		
5	들여다보다 [동]		
6	들키다 [동]		
7	따라다니다 [동]		
8	따르다² [동]		
9	따지다 [동]		
10	때 [명]		
11	때리다 [동]		
12	떠나오다 [동]		
13	떼다 [동]		
14	뚜렷하다 [형]		
15	뚫리다 [동]		
16	뛰어나오다 [동]		
17	뛰어놀다 [동]		
18	뛰어다니다 [동]		
19	뛰어들다 [동]		
20	뜨다² [동]		
21	뜯다 [동]		
22	뜻밖 [명]		
23	띄다 [동]		
24	마구 [부]		
25	마냥 [부]		
26	마땅하다 [형]		
27	마련 [명], [의]		
28	마무리 [명]		
29	마음껏 [부]		
30	마음먹다 [동]		

35일차 연습 2

1. 다음 그림과 관계있는 말을 연결하세요.

(1)  •   • ① 뚫리다

(2)  •   • ② 마음먹다

(3)  •   • ③ 뛰어나오다

2. 다음 그림을 보고 문장을 완성하세요.

(1)  의사가 아이를 _____ (-고 있어요).

(2)  엄마가 컵에 물을 _____ (-고 있어요).

(3) 강아지가 베개를 _____ (-고 있어요).

TOPIK II

3. 다음 (   ) 안에 가장 알맞은 단어를 고르세요.

(1) 사람들은 대부분 내 집 (   )의 꿈을 가지고 있다.

① 마련　　② 마음　　③ 물음　　④ 몸살

(2) 선물 상자를 (   ) 보니 갖고 싶었던 원피스가 있어서 너무 기뻤어요.

① 떠　　② 떼　　③ 뜯어　　④ 띄어

(3) 이 시간까지 아이가 집에 돌아오지 않는데 (   ) 기다릴 수만은 없다.

① 마구　　② 마냥　　③ 마땅히　　④ 마음껏

(4) 여자 친구에게 다른 여자와 데이트한 것을 (   ) 헤어지고 말았어요.

① 들려서　　② 들켜서　　③ 따라서　　④ 따져서

(5) 형과 동생이 놀이터에서 즐겁게 (   ) 있어요.

① 때리고　　② 뚫리고　　③ 뛰어놀고　　④ 뛰어들고

(6) 고향을 (   ) 지도 벌써 십여 년이 지났습니다.

① 떠나온　　② 뛰어든　　③ 따라다닌　　④ 뛰어나온

(7) 오늘 건강 검진을 하러 가는데 아들이 같이 가 줘서 (   ).

① 드물었다　　② 든든했다　　③ 뚜렷했다　　④ 마땅했다

(8) 학창 시절에 나는 친구 집에 자주 (   ).

① 드러냈다　　② 떠나왔다　　③ 드나들었다　　④ 마음먹었다

4. 다음 두 단어의 관계가 나머지 셋과 다른 것을 고르세요.

(1)
① 뜻밖 – 의외 ② 때리다 – 맞다
③ 떼다 – 붙이다 ④ 뚫리다 – 막히다

(2)
① 따르다 – 붓다 ② 드물다 – 흔하다
③ 들키다 – 걸리다 ④ 든든하다 – 믿음직스럽다

5. 다음 단어와 관계가 있는 동사를 보기 에서 고르세요.

| 보기 | 뜯다 | 뜨다 | 뛰어들다 |

(1) 물   밥   국   → _____
(2) 상자 포장 봉투   → _____
(3) 수영장 계곡 바다   → _____

6. 다음 ( ) 안에 공통적으로 들어갈 단어를 고르세요.

(1)
그래프를 살펴보니 월세, 전세를 포함하여 집값 상승세가 (   ).
날씨가 맑아서 먼 곳까지 (   ) 보였다.

① 드물다 ② 든든하다 ③ 뚜렷하다 ④ 마땅하다

(2)
지금은 잘못을 (   ) 때가 아닙니다. 우선 문제부터 해결하시지요.
이익과 손실을 (   ) 주변의 좋은 사람을 잃을 수도 있습니다.

① 들키다 ② 따르다 ③ 따지다 ④ 떠올리다

(3)
예전에는 고향에 가려면 오래 걸렸는데 이제 터널이 (   ) 편해졌다.
변기가 막혔을 때 샴푸를 넣으면 잘 (   ).

① 떨리다 ② 뚫리다 ③ 떠오르다 ④ 들여다보다

7. 다음 ( )에 들어갈 수 <u>없는</u> 단어를 고르세요.

(1) 아이들이 공원에서 ( ) 모습이 너무 예쁘네요.

① 노는　　② 뛰어노는　　③ 뛰어드는　　④ 뛰어다니는

(2) 모르는 남자가 계속 뒤를 ( ) 경찰에 신고했어요.

① 떠나와서　　② 쫓아와서　　③ 따라다녀서　　④ 쫓아다녀서

8. 다음 ( ) 안에 가장 알맞은 단어를 보기 에서 고르세요.

| 보기 | 마구　　마땅히　　마음껏 |

(1) 교사로서 ( ) 아이들을 잘 보살펴야 하지요.
(2) 오늘 시험이 끝나서 그동안 하고 싶었던 일을 ( ) 했어요.
(3) 손님이 물건에 이상이 있다며 ( ) 따지는 바람에 정신이 하나도 없어요.

9. 다음 단어 중에서 보기 의 단어와 관계가 <u>없는</u> 것을 고르세요.

(1) 보기　　때

① 끼다　　② 묻다　　③ 타다　　④ 하다

(2) 보기　　마무리

① 내다　　② 되다　　③ 짓다　　④ 하다

36일차 연습 ①

결과 ○ 24개 이상 ▲ ○ 23개 이하 ▼

이렇게 하세요. 연습 2로 송! 다시 한번 암기~!

쓰면서 외워 봅시다. 외운 단어에는 ○ 해 보세요.

번호	한국어	의미	연습하기
①	마주 [부]		마주
2	마주치다 [동]		
3	마찬가지 [명]		
4	마치 [부]		
5	마침내 [부]		
6	막상 [부]		
7	막연하다 [형]		
8	만만하다 [형]		
9	말리다² [동]		
10	말투 [명]		
11	망가지다 [동]		
12	망설이다 [동]		
13	망치다 [동]		
14	망하다 [동]		
15	맞히다 [동]		
16	매달리다 [동]		
17	매력 [명]		
18	매체 [명]		
19	머무르다 [동]		
20	머뭇거리다 [동]		
21	먹이다 [동]		
22	먹히다 [동]		
23	멀쩡하다 [형]		
24	멎다 [동]		
25	면담 [명]		
26	면하다 [동]		
27	명령 [명]		
28	명예 [명]		
29	명확하다 [형]		
30	모여들다 [동]		

36일차 연습 2

1. 다음 그림과 관계있는 말을 연결하세요.

(1)  • • ① 마주 보고 있어요.

(2)  • • ② 의자가 망가졌어요.

(3)  • • ③ 주렁주렁 매달려 있어요.

2. 다음 그림을 보고 문장을 완성하세요.

(1)  아빠가 아이에게 밥을 _____ (-고 있어요).

(2)  개구리가 뱀에게 _____ (-고 있어요).

(3)  구경꾼들이 구름처럼 _____ (-고 있어요).

3. 다음 (   ) 안에 가장 알맞은 단어를 고르세요.

(1) 나는 아무리 힘들어도 항상 씩씩하게 행동하는 그에게 (   )을/를 느꼈다.

① 말투   ② 매력   ③ 면담   ④ 명령

(2) 그런 범죄를 저질렀다면 처벌을 (   ) 어려울 것이다.

① 말리기   ② 망치기   ③ 먹히기   ④ 면하기

(3) 갑자기 무대 조명이 꺼지는 바람에 공연을 (   ) 버렸다.

① 말려   ② 망쳐   ③ 망해   ④ 면해

(4) 그는 약사에게 기침이 (   ) 약을 달라고 했다.

① 맞는   ② 먹는   ③ 멎는   ④ 묶는

(5) 그렇게 큰 사고가 났는데도 다행히 아이는 다친 데 없이 (   ).

① 막연하다   ② 만만하다   ③ 멀쩡하다   ④ 명확하다

(6) 부동산 가격이 많이 올라서 집을 하나 사고 싶어도 가격이 (   ) 않다.

① 막연하지   ② 만만하지   ③ 멀쩡하지   ④ 명확하지

(7) 그 사람과 시선이 딱 (   ) 나는 그를 못 본 척했다.

① 마주쳤지만   ② 망가졌지만   ③ 망설였지만   ④ 매달렸지만

4. 다음 두 단어의 관계가 나머지 셋과 <u>다른</u> 것을 고르세요.

(1)
① 꽂다 – 꽂히다   ② 달다 – 달리다
③ 뚫다 – 뚫리다   ④ 먹다 – 먹이다

(2)
① 막상 – 실제로   ② 멎다 – 멈추다
③ 면하다 – 피하다   ④ 머무르다 – 떠나다

5. 다음 밑줄 친 부분과 비슷한 의미의 단어를 고르세요.

(1)
그는 자신의 판단 근거를 <u>분명하게</u> 제시했다.

① 마땅하게   ② 만만하게   ③ 멀쩡하게   ④ 명확하게

(2)
음주운전은 칼만 안 들었을 뿐 살인과 <u>다름없다</u>.

① 막연하다   ② 만만하다   ③ 다행스럽다   ④ 마찬가지이다

(3)
그 사람은 술집 앞에서 한참을 <u>머뭇거리다가</u> 그냥 집으로 돌아갔다.

① 망설이다가   ② 매달리다가   ③ 머무르다가   ④ 모여들다가

6. 다음 ( ) 안에 공통적으로 들어갈 단어를 고르세요.

(1)
이불을 빨아서 마당에 (   ) 있어요.
친구끼리 싸우는 것을 제가 (   ) 있어요.

① 말리다   ② 망치다   ③ 망하다   ④ 맡기다

(2)
이 문제의 정답을 (   ) 푸짐한 상품을 드립니다.
아이에게 독감 예방 주사를 (   ) 병원에 데리고 갔다.

① 맞히다   ② 먹이다   ③ 먹히다   ④ 면하다

36일차

7. 다음 나열된 두 단어가 서로 어울리지 <u>않는</u> 것을 고르세요.

(1)
① 균형 – 불균형   ② 명령 – 불명령
③ 명예 – 불명예   ④ 명확 – 불명확

(2)
① 면담 – 하다   ② 명예 – 하다
③ 명령 – 내리다   ④ 매체 – 나오다

8. 다음 ( ) 안에 알맞은 단어를 보기 에서 고르세요.

보기   마주   막상   마치   마침내

(1) 끊임없는 노력 끝에 그는 (　　　) 성공을 이루었다.
(2) 두 사람은 서로의 얼굴을 (　　　) 보고 웃고 있었다.
(3) 꽃다발을 받은 그 사람은 (　　　) 어린아이처럼 좋아했다.
(4) 그는 아내와 싸우고 집을 나왔지만 (　　　) 갈 곳이 없었다.

9. 다음이 설명하고 있는 어휘는 무엇입니까? 맞는 단어를 보기 에서 고르세요.

보기   망하다   망가지다   머무르다   모여들다

(1) 구경거리가 생겨서 여러 사람이 그 장소를 향해서 한꺼번에 오다. → _____
(2) ① 어떤 장소에서 잠시 멈추거나 일시적으로 묵다. ② 일정한 수준이나 범위에 그치다. → _____
(3) ① 부서지거나 깨지거나 고장이 나서 못 쓰게 되다. ② 본래 기능을 잃거나 좋지 않게 되다. → _____
(4) 사람이나 집안, 단체, 나라 등이 더 이상 존재하지 않게 되거나 해야 할 역할을 못하게 되다. → _____

37 일차 연습 ①

결과: 24개 이상 ▲ 연습 2로 영! / 23개 이하 ▼ 다시 한번 암기~!

쓰면서 외워 봅시다. 외운 단어에는 ◯ 해 보세요.

번호	한국어	의미	연습하기
①	모처럼 [부]		모처럼
2	모험 [명]		
3	목마르다 [형]		
4	목숨 [명]		
5	몫 [명]		
6	몰다 [동]		
7	몰라보다 [동]		
8	몰려들다 [동]		
9	몰리다 [동]		
10	몹시 [부]		
11	못되다 [형]		
12	못지않다 [형]		
13	몽땅 [부]		
14	무관하다 [형]		
15	무너지다 [동]		
16	무덥다 [형]		
17	무려 [부]		
18	무렵 [의]		
19	무리 [명]		
20	무사히 [부]		
21	무시 [명]		
22	묵묵히 [부]		
23	묶이다 [동]		
24	문득 [부]		
25	문명 [명]		
26	묻다² [동]		
27	물들다 [동]		
28	물질 [명]		
29	미련 [명]		
30	미지근하다 [형]		

37일차 연습 2

1. 다음 그림과 관계있는 말을 연결하세요.

(1)  •   • ① 소를 몰아요.

(2)  •   • ② 몹시 무더워요.

(3)  •   • ③ 끈이 묶여 있어요.

2. 다음 그림을 보고 문장을 완성하세요.

(1)  땀을 많이 흘렸더니 너무 _____ (-아/어요).

(2)  가을이 되니 산이 단풍으로 _____ (-았/었어요).

(3)  지진이 나서 건물이 _____ (-아/어 버렸어요).

3. 다음 ( ) 안에 가장 알맞은 단어를 고르세요.

(1) 거짓말하고 자기밖에 모르는 ( ) 친구하고는 사귀지 말아야겠다.

① 못된　　② 목마른　　③ 무관한　　④ 무더운

(2) 계속 내린 비로 인해 산이 ( ) 내려서 도로가 엉망이 되었다.

① 묶여　　② 무너져　　③ 물들어　　④ 몰려들어

(3) 사람들이 갑자기 한곳으로 ( ) 바람에 사고가 날 뻔했다.

① 몰리는　　② 묶이는　　③ 물드는　　④ 몰라보는

(4) 운전면허도 없이 자동차를 ( ) 사고를 내고 말았다.

① 몰다가　　② 묻다가　　③ 몰리다가　　④ 묶이다가

(5) 이 결혼은 내 의지와는 ( ) 결정된 일이다.

① 무덥게　　② 목마르게　　③ 무관하게　　④ 묵묵하게

(6) 저 외국인은 한국사람 ( ) 발음도 좋고 한국어도 유창하다.

① 못되게　　② 멀쩡하게　　③ 명확하게　　④ 못지않게

(7) 물을 끓여 놓고 깜박 잊고 있었더니 식어서 ( ).

① 뜨겁다　　② 무덥다　　③ 무관하다　　④ 미지근하다

4. 다음 두 단어의 관계가 나머지 셋과 <u>다른</u> 것을 고르세요.

   (1)
   ① 몫 – 역할　　　　　　② 몽땅 – 죄다
   ③ 무렵 – 즈음　　　　　④ 물질 – 정신

   (2)
   ① 모처럼 – 오랜만에　　② 몰라보다 – 알아보다
   ③ 무관하다 – 관계없다　④ 무덥다 – 후텁지근하다

5. 다음 밑줄 친 부분과 비슷한 의미의 단어를 고르세요.

   (1) 이번 화재로 중상을 입었지만 다행히 <u>생명</u>에는 지장이 없다.

   ① 목숨　　② 무리　　③ 문명　　④ 물질

   (2) 그 사람은 길을 걷다가 <u>갑자기</u> 고개를 들어 하늘을 바라보았다.

   ① 몹시　　② 몽땅　　③ 무려　　④ 문득

   (3) 그 사람은 <u>갈증이 나는지</u> 냉장고에서 마실 물을 찾고 있다.

   ① 막연한지　② 멀쩡한지　③ 목마른지　④ 배부른지

6. 다음 ( ) 안에 알맞은 단어를 보기 에서 고르세요.

   | 보기 | 몹시　　몽땅　　모처럼　　무사히 |

   (1) 오늘 하루 종일 서서 일을 했더니 (　　) 지치고 힘이 든다.
   (2) 이번 달 용돈을 받자마자 (　　) 다 써 버려서 차비 낼 돈도 없다.
   (3) 일이 많아서 한참 여행을 못 가다가 (　　) 여행을 오니 너무 좋다.
   (4) 길이 미끄러워서 걱정되니까 집에 (　　) 도착하면 꼭 문자 주세요.

7. 다음 밑줄 친 부분과 반대되는 의미의 단어를 고르세요.

(1)
> 운동화 끈이 자주 풀려서 끈이 없는 운동화를 샀다.

① 몰리다　　② 못되다　　③ 묶이다　　④ 물들다

(2)
> 요즘 현대인들은 건강을 매우 중시하는 경향이 있다.

① 몰라보다　　② 몰려들다　　③ 무너지다　　④ 무시하다

8. 다음 (　　) 안에 공통적으로 들어갈 단어를 고르세요.

(1)
> 쓰레기를 땅에 (　　) 땅이 오염될 수 있다.
> 손에 피가 (　　) 지워지지 않는다.

① 걷다　　② 멎다　　③ 몰다　　④ 묻다

(2)
> 요즘 일이 많아서 (　　)를 좀 했더니 몸살이 난 것 같아요.
> 늑대 한 마리가 양의 (　　) 주변을 왔다 갔다 맴돌았다.

① 명예　　② 무리　　③ 무사　　④ 무시

9. 다음이 설명하고 있는 어휘는 무엇입니까? 맞는 단어를 보기 에서 고르세요.

보기	모험	문명	물질	미련

(1) ① 어떤 물체를 이루는 기본 바탕. ② 재산이나 재물.　　→ ＿＿＿＿＿
(2) 위험한 것을 알지만 어떠한 일에 도전하거나 그 일을 하는 것.　　→ ＿＿＿＿＿
(3) 일이나 물건, 사람 등을 깨끗하게 잊지 못하고 여전히 끌리는 마음.　　→ ＿＿＿＿＿
(4) 인류가 만들어낸 물질, 기술 등의 발전으로 이루어낸 결과. 또는 인간 생활이 발전된 상태.　　→ ＿＿＿＿＿

38일차 연습 ①

결과 ○ 24개 이상 ▲ 이렇게 하세요. 연습 2로 & ○ 23개 이하 ▼ 다시 한번 암기~!

쓰면서 외워 봅시다. 외운 단어에는 ○ 해 보세요.

번호	한국어	의미	연습하기
①	미처 [부]		미처
2	미치다 [동]		
3	밀리다² [동]		
4	바람직하다 [형]		
5	바래다주다 [동]		
6	바로잡다 [동]		
7	박다 [동]		
8	박히다 [동]		
9	반발 [명]		
10	반성 [명]		
11	반영하다 [동]		
12	반응 [명]		
13	반짝이다 [동]		
14	반품 [명]		
15	받아들이다 [동]		
16	발견 [명]		
17	발길 [명]		
18	발생하다 [동]		
19	밝혀내다 [동]		
20	밝혀지다 [동]		
21	밟히다 [동]		
22	밤새다 [동]		
23	방면 [명]		
24	방안 [명]		
25	방지 [명]		
26	배경 [명]		
27	배려 [명]		
28	배송 [명]		
29	배우자 [명]		
30	버티다 [동]		

38일차 연습 2

1. 다음 그림과 관계있는 말을 연결하세요.

(1)    •   • ① 못을 박고 있어요.

(2)    •   • ② 못이 박혀 있어요.

(3)    •   • ③ 별이 반짝이고 있어요.

2. 다음 그림을 보고 문장을 완성하세요.

(1)    내일이 시험이라서 _____ (-아/어) 공부하고 있어요.

(2)    발을 _____ (-는 바람에) 운동화가 더러워졌다.

(3)    여자 친구를 집까지 _____ (-았/었어요).

3. 다음 ( ) 안에 가장 알맞은 단어를 고르세요.

(1) 음식이 ( ) 준비도 안 되었는데 손님들이 몰려왔다.

① 몹시　　② 무려　　③ 문득　　④ 미처

(2) 이 건물은 웬만한 지진에도 무너지지 않고 잘 ( ) 거예요.

① 박힐　　② 밟힐　　③ 밤샐　　④ 버틸

(3) 그는 내가 잘못된 길을 걸을 때 옳은 길로 ( ) 줄 수 있는 친구이다.

① 반짝여　　② 밝혀내　　③ 바로잡아　　④ 받아들여

(4) 유행어는 그 시대의 모습을 ( ) 만들어진다.

① 반성해서　　② 반영해서　　③ 반응해서　　④ 반짝여서

(5) 건조한 환절기에는 특히 산불이 ( ) 않도록 주의해야 한다.

① 발견하지　　② 발생하지　　③ 방지하지　　④ 배송하지

(6) 우리나라는 다른 나라와 교류하면서 다양한 문화를 ( ).

① 반짝였다　　② 발생했다　　③ 밝혀졌다　　④ 받아들였다

(7) 에너지 절약을 위해서는 대중교통을 이용하는 것이 ( ).

① 변화하다　　② 미지근하다　　③ 바람직하다　　④ 불완전하다

4. 다음 ( )에 들어갈 수 없는 단어를 고르세요.

(1) ( )을 하다

① 반성　　② 반품　　③ 발견　　④ 방면

(2) ( )을/를 얻다

① 병　　② 반응　　③ 발길　　④ 배우자

5. 다음 밑줄 친 부분과 비슷한 의미의 단어를 고르세요.

(1) 그는 동료들의 무시와 따돌림을 <u>견디지</u> 못하고 결국 직장을 그만두었다.

① 박히지　　② 밝히지　　③ 밤새지　　④ 버티지

(2) 초등학교 근처의 교통사고를 <u>예방하기</u> 위해 CCTV 설치를 확대했다.

① 바로잡기　　② 발견하기　　③ 발생하기　　④ 방지하기

(3) 유학 간 아들을 공항까지 <u>배웅하고</u> 돌아서는 길은 언제나 마음이 아프다.

① 반발하고　　② 반성하고　　③ 받아들이고　　④ 바래다주고

6. 다음 ( ) 안에 공통적으로 들어갈 단어를 고르세요.

(1) 공연장에서 수많은 사람에게 ( ) 같이 간 친구의 손을 놓쳤다.
월세가 세 달이나 ( ) 주인 아주머니가 화를 내셨다.

① 못되다　　② 묶이다　　③ 물들다　　④ 밀리다

(2) 이번 시험은 합격 점수에 ( ) 못해서 떨어졌다.
부모의 행동이나 자라는 환경은 아이들에게 큰 영향을 ( ).

① 미치다　　② 박히다　　③ 밟히다　　④ 버티다

7. 다음 단어를 보고 연상되는 단어를 보기 에서 고르세요.

| 보기 | 반응 | 방안 | 배송 |

(1) 자극　　민감　　호응　　→ _____
(2) 주문　　소포　　우편　　→ _____
(3) 해결　　대책　　방법　　→ _____

8. 다음 문장에 알맞은 단어를 (　) 안에서 골라 ○ 하세요.

(1) 이제 이곳은 사람들의 (발견, 발길)이 끊겨서 아무도 오지 않는다.
(2) 그 아이가 자신의 자식이라는 게 (밝혀내자, 밝혀지자) 그는 무척 당황했다.
(3) 식물은 습도와 온도에 민감하게 (반영하기, 반응하기) 때문에 신경을 써야 한다.
(4) 그 이야기는 귀에 못이 (박히게, 밟히게) 들었으니 다른 이야기를 하는 게 어때?

9. 이것은 무엇입니까? 다음을 읽고 내용에 맞는 단어를 보기 에서 고르세요.

| 보기 | 배경 | 배려 | 반성 |

(1) 뒤쪽의 경치를 말합니다. 어떠한 사물이나 사건, 생각 등의 뒤에 숨겨진 상황을 말하기도 합니다.
　　이것은 (　　　)입니다.

(2) 자신의 말이나 행동에 대해서 잘못하거나 부족한 것이 없는지 돌아보는 것을 말합니다. 자신에 대한 이것이 있어야 앞으로 더욱 발전할 수 있습니다.
　　이것은 (　　　)입니다.

(3) 여러 방면에서 신경을 써서 도와주거나 보살펴 주려고 하는 것을 말합니다. 특히 요즘과 같이 개인주의 사회에서는 다른 사람에 대한 이것이 아주 필요합니다.
　　이것은 (　　　)입니다.

39일차 연습 ①

결과 ○ 24개 이상 ▲ ○ 23개 이하 ▼
이렇게 하세요. 연습 2로 을! 다시 한번 암기~!

쓰면서 외워 봅시다. 외운 단어에는 ○ 해 보세요.

번호	한국어	의미	연습하기
①	번갈다 동		번갈다
2	번거롭다 형		
3	번화하다 형		
4	벌떡 부		
5	벌리다 동		
6	벌이다 동		
7	범위 명		
8	벗어나다 동		
9	변덕스럽다 형		
10	변동 명		
11	변명 명		
12	별다르다 형		
13	별도 명		
14	병들다 동		
15	보급 명		
16	보살피다 동		
17	보상 명		
18	보수 명		
19	보안 명		
20	보완 명		
21	보장하다 동		
22	보조 명		
23	보존 명		
24	보충 명		
25	본래 부, 명		
26	부근 명		
27	부딪치다 동		
28	부딪히다 동		
29	부문 명		
30	부상 명		

39일차 연습 2

1. 다음 그림과 관계있는 말을 연결하세요.

(1)  •   • ① 변화해요.

(2)  •   • ② 변덕스러워요.

(3)  •   • ③ 부상을 당했어요.

2. 다음 그림을 보고 문장을 완성하세요.

(1)

지하철에서 다리를 _____ (-고) 앉으면 다른 사람에게 불편을 줄 수 있어요.

(2)

박수는 두 손바닥을 서로 _____ (-아/어서) 소리를 냅니다.

(3)

횡단보도를 건너다가 자동차에 _____ (-았/었어요).

3. 다음 (　) 안에 가장 알맞은 단어를 고르세요.

(1) 정부는 예산 (　) 내에서 국민들에게 지원금을 지급해 주기로 했다.

① 범위　② 변동　③ 변명　④ 별도

(2) 환자에게는 충분한 수면과 영양 (　)이 필요하다.

① 보급　② 보충　③ 부근　④ 부문

(3) 아들은 늙고 (　) 부모님을 정성스럽게 모시고 살았다.

① 벌린　② 벌인　③ 병든　④ 보살핀

(4) 그 아이들은 경제적인 어려움에 (　) 공부하는 것을 포기했다.

① 번갈아　② 벗어나　③ 보살펴　④ 부딪혀

(5) 내 친구의 (　) 성격 탓에 약속 날짜가 자꾸 바뀌어서 짜증이 났다.

① 번화한　② 미지근한　③ 바람직한　④ 변덕스러운

(6) 부모는 자식들이 잘 자랄 수 있도록 (　) 보호해 줘야 한다.

① 병들고　② 보살피고　③ 보장하고　④ 부딪치고

(7) 하루 빨리 어른이 돼서 부모님의 구속으로부터 (　) 싶어요.

① 벗어나고　② 보상하고　③ 보조하고　④ 부딪히고

4. 다음 ( ) 안에 들어갈 수 없는 단어를 고르세요.

(1) 이곳은 책상, 의자, 그리고 칠판 등 ( ) 게 없는 보통의 교실이다.

① 무관한　　② 별다른　　③ 유별난　　④ 특별한

(2) 우리는 조상들이 남겨 주신 귀중한 유물들을 잘 ( ) 한다.

① 보급해야　　② 보전해야　　③ 보존해야　　④ 보호해야

(3) 서울에서 부산까지 두 사람이 ( ) 운전을 했다.

① 교대해서　　② 번갈아서　　③ 벗어나서　　④ 돌아가면서

5. 다음 밑줄 친 부분과 비슷한 의미의 단어를 고르세요.

(1) 크리스마스가 가까워지면 시내의 거리는 더욱 <u>복잡하고 화려해진다</u>.

① 번거롭다　　② 변화하다　　③ 변덕스럽다　　④ 부담스럽다

(2) 그 아이의 물음에 하나하나 다 대답하기가 너무 <u>귀찮아서</u> 모르는 척했다.

① 번화해서　　② 번거로워서　　③ 변덕스러워서　　④ 부담스러워서

6. 다음 ( ) 안에 알맞은 단어를 보기 에서 고르세요.

| 보기 | 별도　　본래　　부상 |

(1) 중요한 자료는 ( )으로/로 복사를 해서 따로 보관하고 있다.
(2) 그 사람은 성격이 못돼 보이지만 ( )은/는 착하고 좋은 사람이다.
(3) 중요한 시합을 앞두고 선수들이 ( )을/를 입으면 안 되니까 조심하세요.

7. 다음 ( ) 안에 공통적으로 들어갈 단어를 고르세요.

(1)
> 우리 회사는 일하는 양에 비해서 ( )이/가 적은 편이에요.
> 건물이 너무 오래돼서 시설 ( )을/를 해야 돼요.

① 보수　　　② 보안　　　③ 보완　　　④ 부상

(2)
> 오늘이 아버지 회갑이셔서 식당에서 잔치를 ( ) 있어요.
> 지금 시장에서 가게 주인하고 손님이 싸움을 ( ) 있어요.

① 번갈다　　② 벌리다　　③ 벌이다　　④ 병들다

8. 다음 문장에 알맞은 단어를 ( ) 안에서 골라 ○ 하세요.

(1) 그 사람은 피곤한지 입을 크게 (벌리고, 벌이고) 하품을 했다.
(2) 그는 물에 빠진 아이를 구해준 (보상, 보수)으로/로 돈을 받았다.
(3) 국가는 국민들의 안전을 (보상하고, 보장하고) 보호할 의무가 있다.
(4) 정부 기관에서는 모든 문서나 서류의 (보안, 보완)을 철저하게 유지해야 한다.

9. 다음이 설명하고 있는 어휘는 무엇입니까? 맞는 단어를 보기 에서 고르세요.

| 보기 | 벌떡　　변동　　변명　　보급 |

(1) 바뀌어서 달라짐.　　　　　　　　　　　　　　→ _____
(2) 눕거나 앉아 있다가 갑자기 큰 동작으로 일어나는 모양.　→ _____
(3) 어떤 잘못이나 실수에 대해 구실을 대며 그 까닭을 말함.　→ _____
(4) 널리 알리고 많은 사람들에게 골고루 미쳐서 사용하게 함.　→ _____

40일차 연습 ①

결과 ○ 24개 이상 ▲ ○ 23개 이하 ▼

쓰면서 외워 봅시다. 외운 단어에는 ○ 해 보세요.

번호	한국어	의미	연습하기
①	부서지다 [동]		부서지다
2	부수다 [동]		
3	부작용 [명]		
4	부정적 [명]		
5	부주의 [명]		
6	부품 [명]		
7	분노 [명]		
8	분량 [명]		
9	분류 [명]		
10	분석 [명]		
11	분수 [명]		
12	분야 [명]		
13	분포 [명]		
14	불가피하다 [형]		
15	불구하다 [동]		
16	불러일으키다 [동]		
17	불리하다 [형]		
18	불법 [명]		
19	불쾌하다 [형]		
20	불평등하다 [형]		
21	불행 [명]		
22	붙잡히다 [동]		
23	비결 [명]		
24	비교적 [부]		
25	비기다 [동]		
26	비난 [명]		
27	비로소 [부]		
28	비록 [부]		
29	비롯하다 [동]		
30	비만 [명]		

40일차 연습 2

1. 다음 그림과 관계있는 말을 연결하세요.

(1)  • ① 부품

(2)  • ② 분노

(3)  • ③ 비만

2. 다음 그림을 보고 문장을 완성하세요.

(1)  범인이 경찰에게 _____ (-았/었어요).

(2)  오래된 건물을 _____ (-고 있어요).

(3)  경기에서 1:1로 _____ (-았/었어요).

3. 다음 (　) 안에 가장 알맞은 단어를 고르세요.

(1) 건물이 무너졌으나 (　) 중 다행으로 목숨은 구했다.

① 분량　　② 분야　　③ 불행　　④ 부주의

(2) 주차장이 유료라서 골목길에 (　)으로 주차를 하는 사람이 많다.

① 불법　　② 비난　　③ 비만　　④ 부작용

(3) 사과는 크기와 색깔, 맛 등에 따라 여러 종류로 (　) 수 있다.

① 분노할　　② 분류할　　③ 분포할　　④ 비롯할

(4) 그 사람은 자기에게 (　) 이야기가 나오면 화제를 바꾸곤 한다.

① 별다른　　② 불리한　　③ 불가피한　　④ 불완전한

(5) 소나무는 우리나라 전국 각지에 (　) 있다.

① 분류되어　　② 분석되어　　③ 분포되어　　④ 비롯되어

(6) 정부는 국민들의 반발에도 (　) 공공요금을 인상하기로 했다.

① 분류하고　　② 분포하고　　③ 불구하고　　④ 비롯하고

(7) 우리 사회에서는 아직도 남녀의 사회적 관계가 (　).

① 불리하다　　② 불쾌하다　　③ 불가피하다　　④ 불평등하다

4. 다음 (　　) 안에 들어갈 수 <u>없는</u> 단어를 고르세요.

(1) 지금부터 정치 (　　) 전문가 다섯 분을 모시고 이야기를 나누겠습니다.

① 방면　　② 부문　　③ 분야　　④ 분포

(2) 교실에서 친구들이 싸우는 바람에 의자가 (　　) 앉을 수 없다.

① 망가져서　　② 밝혀져서　　③ 부러져서　　④ 부서져서

5. 다음 밑줄 친 부분과 비슷한 의미의 단어를 고르세요.

(1) 나는 화가 나서 휴대폰을 <u>깨뜨리고 못 쓰게 만든</u> 후에 쓰레기통에 버렸다.

① 부순　　② 비긴　　③ 분노한　　④ 비롯한

(2) 회사가 너무 어려워서 인원 감축은 <u>피할 수 없다</u>.

① 불리하다　　② 불쾌하다　　③ 불가피하다　　④ 불평등하다

(3) 공포영화의 긴장감 있는 음악은 관객들의 마음에 공포감을 <u>만들어 낸다</u>.

① 부서진다　　② 분석한다　　③ 붙잡힌다　　④ 불러일으킨다

6. 다음 (　　) 안에 알맞은 단어를 보기 에서 고르세요.

> 보기　　비록　　부정적　　비교적　　비로소

(1) (　　) 그 말이 사실일지라도 나는 믿지 않을 것이다.
(2) 모든 현상에는 긍정적인 면과 (　　)인 면이 동시에 존재한다.
(3) 엄마는 동생의 합격 소식을 들은 후에야 (　　) 마음을 놓으셨다.
(4) 그 사람의 방은 생각과 달리 (　　) 깨끗하고 정리가 잘 되어 있었다.

7. 다음 두 단어의 관계가 나머지 셋과 <u>다른</u> 것을 고르세요.

(1)
① 비법 – 불법　　　　② 행운 – 불행
③ 주의 – 부주의　　　④ 긍정적 – 부정적

(2)
① 구하다 – 불구하다　　② 유리하다 – 불리하다
③ 유쾌하다 – 불쾌하다　④ 평등하다 – 불평등하다

8. 다음 (　　) 안에 공통적으로 들어갈 단어를 고르세요.

(1)
괜히 욕심부리지 말고 자기 (　　)에 맞는 생활을 해야 한다.
호수 공원에 가니 (　　)에서 시원한 물줄기가 뿜어져 나왔다.

① 분노　　　② 분량　　　③ 분류　　　④ 분수

(2)
보통 싸움은 사소한 오해에서 (　　)돼서 큰 싸움으로 번진다.
나는 지금까지 제주도를 (　　)해서 강원도, 부산 등 여러 지방을 여행했다.

① 분석　　　② 불구　　　③ 비결　　　④ 비롯

9. 다음이 설명하고 있는 어휘는 무엇입니까? 맞는 단어를 보기 에서 고르세요.

보기　　　분석　　비결　　비난　　부작용

(1) 복잡한 것을 풀어서 어떤 요소나 성질로 나눔.　→ ＿＿＿＿＿
(2) 다른 사람의 잘못이나 결점을 찾아내서 나쁘게 말함.　→ ＿＿＿＿＿
(3) 세상에 알려지지 않은, 자기만 알고 있는 효과적인 방법.　→ ＿＿＿＿＿
(4) 어떤 일을 한 후에 부가적으로 발생하는 바람직하지 못한 일.　→ ＿＿＿＿＿

41 일차 — 연습 ①

결과: ○ 24개 이상 ▲ 연습 2로 응! ○ 23개 이하 ▼ 다시 한번 암기~!

쓰면서 외워 봅시다. 외운 단어에는 ○ 해 보세요.

번호	한국어	의미	연습하기
①	비명 [명]		비명
2	비법 [명]		
3	비우다 [동]		
4	비웃다 [동]		
5	비유 [명]		
6	비율 [명]		
7	비중 [명]		
8	비추다 [동]		
9	비치다 [동]		
10	비틀거리다 [동]		
11	비판 [명]		
12	빛 [명]		
13	빛나다 [동]		
14	빠뜨리다 [동]		
15	빠져나가다 [동]		
16	빠짐없이 [부]		
17	빼놓다 [동]		
18	빼앗다 [동]		
19	뽑히다 [동]		
20	사고방식 [명]		
21	사기 [명]		
22	사로잡다 [동]		
23	사막 [명]		
24	사망 [명]		
25	사방 [명]		
26	사상 [명]		
27	사설 [명]		
28	사소하다 [형]		
29	사정 [명]		
30	사태 [명]		

41일차 연습 ❷

1. 다음 그림과 관계있는 말을 연결하세요.

(1)  • • ① 비명

(2)  • • ② 사막

(3)  • • ③ 사망

2. 다음 그림을 보고 문장을 완성하세요.

(1)  달빛이 강물에 _____ (-고 있어요).

(2)  반지가 반짝반짝 _____ (-고 있어요).

(3)  술에 취했는지 _____ (-고 있어요).

3. 다음 ( ) 안에 가장 알맞은 단어를 고르세요.

(1) 최선을 다했다면 실패에 대한 ( )을 두려워하지 마세요.

① 비결   ② 비만   ③ 비중   ④ 비판

(2) 최근 1인 가구 ( )이 증가하면서 전통 가족의 모습이 변화하고 있다.

① 비난   ② 비명   ③ 비법   ④ 비율

(3) 코로나 ( ) 이후 경제 불황이 계속되고 있어서 문제가 심각하다.

① 사기   ② 사설   ③ 사정   ④ 사태

(4) 친구의 갑작스런 ( ) 소식에 충격을 받았다.

① 사막   ② 사망   ③ 사방   ④ 사상

(5) 나의 꿈이 실현 불가능하다고 모두가 ( ) 나는 계속 도전할 것이다.

① 비워도   ② 비쳐도   ③ 비춰도   ④ 비웃어도

(6) 나도 모르게 휴대폰을 물에 ( ) 고장이 났다.

① 뽑혀서   ② 빠뜨려서   ③ 빼놓아서   ④ 빼앗아서

(7) 일반인이 옷 모델로 나오는 광고가 눈길을 ( ).

① 빠뜨렸다   ② 비틀거렸다   ③ 빠져나갔다   ④ 사로잡았다

41 일차

4. 다음 밑줄 친 부분과 비슷한 의미의 말을 고르세요.

(1) 친구와 <u>사소한</u> 일로 싸웠는데 아직 화해를 하지 못했어요.

① 심각한　　② 어려운　　③ 중요한　　④ 하찮은

(2) 1년 동안 하루도 <u>빠짐없이</u> 걷기 운동을 했다.

① 빼놓지 않고　　② 빼앗지 않고　　③ 뽑히지 않고　　④ 빠져나가지 않고

5. 다음 (　) 안에 공통적으로 들어갈 단어를 고르세요.

(1) 벽에 못이 너무 단단하게 박혀서 잘 (　　) 않습니다.
국가대표로 (　　) 영광입니다. 열심히 해서 좋은 성적을 내겠습니다.

① 빛나다　　② 빼놓다　　③ 뽑히다　　④ 사로잡다

(2) 아이가 꼼꼼하지 못하고 성격이 급해서 매번 준비물을 (　　) 다닌다.
일을 시작한 후에 단 하루도 (　　) 않고 업무 일지를 썼다.

① 비우다　　② 비웃다　　③ 빼앗다　　④ 빠뜨리다

6. 다음 단어를 보고 연상되는 단어를 보기 에서 고르세요.

보기		비법　　사상　　사설	

(1)	신문	주장	글	→ _____
(2)	요리	양념	다이어트	→ _____
(3)	최고	최대	최초	→ _____

7. 다음 문장에 알맞은 단어를 ( ) 안에서 골라 ○ 하세요.

(1) 아이가 얼굴을 거울에 (비쳐, 비추어) 보면서 생글생글 웃고 있어요.
(2) 스트레스를 받을 때는 마음을 (비우고, 비웃고) 가만히 생각을 멈춰 보세요.
(3) 그 아이는 친구들의 물건을 (빼놓고, 빼앗고) 친구를 괴롭혀서 처벌을 받았다.
(4) 수업 시간에 선생님 몰래 교실을 (빠뜨리려다가, 빠져나가려다가) 딱 걸렸어요.

8. 다음 단어 중에서 보기 의 단어와 관계가 없는 것을 고르세요.

(1) 보기 빚
① 갚다   ② 내다   ③ 들다   ④ 얻다

(2) 보기 비유
① 되다   ② 들다   ③ 지다   ④ 하다

(3) 보기 비판
① 되다   ② 받다   ③ 주다   ④ 하다

9. 다음 ( ) 안에 알맞은 단어를 보기 에서 골라서 문장을 완성하세요.

보기 비중   사기   사고방식

경제가 불황인 가운데에서도 명품 시장은 호황을 누리고 있다. 세대별 명품 구매 현황을 살펴보면 20대가 48%로 명품을 구매한 (　　　)이/가 가장 높게 나타났으며 그다음으로 30대가 35%, 40대가 10%로 나타났다. 50대 이후는 명품을 거의 구매하지 않는 것으로 나타났는데 이는 세대별로 명품에 대한 (　　　)이/가 다르기 때문이다. 또한 명품 중고 시장에서 가짜 상품을 판매해 (　　　)을/를 당하는 피해자가 증가하고 있으므로 중고 시장에서 매매할 때에는 신중히 해야 한다.

42일차 연습

 결과 ○ 24개 이상 ▲ ○ 23개 이하 ▼
이렇게 하세요. 연습 2로 응! 다시 한번 암기~!

쓰면서 외워 봅시다. 외운 단어에는 ○ 해 보세요.

번호	한국어	의미	연습하기
①	사표 명		사표
2	살리다 동		
3	살림 명		
4	살아남다 동		
5	삼키다 동		
6	상관없이 부		
7	상금 명		
8	상당하다 형		
9	상대적 관, 명		
10	상상 명		
11	상승 명		
12	상징 명		
13	상쾌하다 형		
14	새기다 동		
15	새다 동		
16	새삼 부		
17	색다르다 형		
18	생겨나다 동		
19	생김새 명		
20	생략 명		
21	생명 명		
22	생산 명		
23	생생하다 형		
24	서늘하다 형		
25	서럽다 형		
26	서서히 부		
27	서운하다 형		
28	서적 명		
29	섞이다 동		
30	선진 명		

42일차 연습 2

1. 다음 그림과 관계있는 말을 연결하세요.

(1)  • ① 상승

(2) 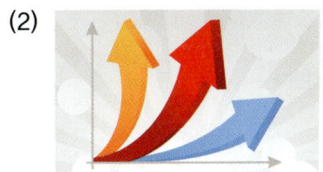 • ② 생명

(3)  • ③ 상징

2. 다음 그림을 보고 문장을 완성하세요.

(1)  산에 오니 공기가 _____ (-네요).

(2) 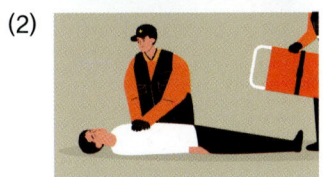 소방관이 사람을 _____ (-고 있어요).

(3)  이 주스는 여러 가지 과일이 _____ (-아/어 있어요).

3. 다음 ( ) 안에 가장 알맞은 단어를 고르세요.

(1) ( )은 현실이 된다는 말이 있어요.

① 상금　　② 상상　　③ 상승　　④ 상징

(2) 자세한 설명은 시간이 부족하기 때문에 ( )하도록 하겠습니다.

① 생략　　② 생명　　③ 생산　　④ 선진

(3) 이 서점은 여행 ( )을 전문적으로 판매한다.

① 서적　　② 선약　　③ 설문　　④ 성인

(4) 사람들은 모두 ( )이/가 다르듯이 성격도 다르다.

① 사표　　② 살림　　③ 상대적　　④ 생김새

(5) 비빔밥은 여러 재료가 ( ) 있어서 다양한 맛을 느낄 수 있어요.

① 살려　　② 삼켜　　③ 새겨　　④ 섞여

(6) 비가 오면 지붕에 물이 ( ) 수리를 해야 할 것 같아요.

① 새서　　② 새겨서　　③ 생겨나서　　④ 살아남아서

(7) 돌아가신 아버지의 마지막 모습이 아직도 기억에 ( ).

① 상당하다　　② 상쾌하다　　③ 색다르다　　④ 생생하다

4. 다음 두 단어의 관계가 나머지 셋과 <u>다른</u> 것을 고르세요.

(1)
① 상승 – 하락
② 생산 – 소비
③ 생명 – 목숨
④ 선진 – 후진

(2)
① 생김새 – 모습
② 살리다 – 죽이다
③ 서서히 – 조금씩
④ 서툴다 – 미숙하다

5. 다음 ( ) 안에 가장 알맞은 단어를 보기 에서 고르세요.

보기   새삼   서서히   상관없이

(1) 이 디자인은 성별에 (   ) 모든 사람에게 인기를 끌고 있다.
(2) 기차 출발 시간이 되자 기차가 (   ) 움직이기 시작했어요.
(3) 코로나로 불편한 점을 많이 겪다 보니 일상의 소중함을 (   ) 느꼈다.

6. 다음 단어 중에서 보기 의 단어와 관계가 <u>없는</u> 것을 고르세요.

(1) 보기   살림

① 맡다   ② 지다   ③ 하다   ④ 꾸리다

(2) 보기   사표

① 내다   ② 받다   ③ 하다   ④ 수리하다

42 일차

7. 다음 ( ) 안에 공통적으로 들어갈 단어를 고르세요.

(1)
> 최근 인건비가 올라서 종업원이 없는 무인 가게가 새롭게 (   ).
> 직업은 시대에 따라 (   ) 하고 없어지기도 한다.

① 살리다　　② 새기다　　③ 살아남다　　④ 생겨나다

(2)
> 지금까지 먹어본 적이 없는 (   ) 맛이다.
> 그 사람의 옷차림은 항상 (   ) 눈에 띈다.

① 서럽다　　② 색다르다　　③ 서늘하다　　④ 서운하다

8. 다음 단어와 관계가 있는 동사를 보기 에서 고르세요.

> **보기**　　　살리다　　삼키다　　새기다

(1)　　물　　　알약　　　음식　　→ _____
(2)　　이름　　무늬　　　문신　　→ _____
(3)　　경제　　목숨　　　전공　　→ _____

9. 이것은 무엇입니까? 다음을 읽고 내용에 맞는 단어를 보기 에서 고르세요.

> **보기**　　　생략　　생산　　선진

(1) 전체에서 일부를 줄이거나 빼는 것을 말합니다.
　　이것은 (　　　)입니다.

(2) 발전이나 진보의 정도가 다른 것보다 앞서 있는 것을 말합니다.
　　이것은 (　　　)입니다.

(3) 사람들이 생활하는 데 필요한 물품을 만들어 내는 것을 말합니다.
　　이것은 (　　　)입니다.

43일차 연습 ①

결과 ○ 24개 이상 ▲ ○ 23개 이하 ▼

쓰면서 외워 봅시다. 외운 단어에는 ○ 해 보세요.

번호	한국어	의미	연습하기
①	선호하다 [동]		선호하다
2	설득 [명]		
3	설레다 [동]		
4	설립 [명]		
5	설마 [부]		
6	설정 [명]		
7	설치 [명]		
8	성과 [명]		
9	성숙하다 [동], [형]		
10	성장 [명]		
11	성질 [명]		
12	세금 [명]		
13	세대 [명]		
14	소득 [명]		
15	소비 [명]		
16	소수 [명]		
17	소용없다 [형]		
18	소유 [명]		
19	소음 [명]		
20	소재 [명]		
21	소중히 [부]		
22	소지품 [명]		
23	소홀하다 [형]		
24	속이다 [동]		
25	속하다 [동]		
26	손길 [명]		
27	손잡다 [동]		
28	손질 [명]		
29	손해 [명]		
30	솔직하다 [형]		

43일차 연습 2

1. 다음 그림과 관계있는 말을 연결하세요.

(1)  • • ① 성장

(2)  • • ② 소수

(3)  • • ③ 소지품

2. 다음 그림을 보고 문장을 완성하세요.

(1)  오늘이 첫 데이트라서 _____ (-네요)!

(2) 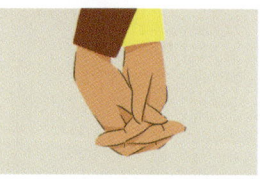 오늘 처음으로 _____ (-았/었어요).

(3)  정원을 _____ (-고 있어요).

3. 다음 (   ) 안에 가장 알맞은 단어를 고르세요.

(1) 대부분 사람들은 자기 (   )의 건물을 갖고 싶어 한다.

① 소비   ② 소수   ③ 소유   ④ 소리

(2) 은퇴 후에는 (   )이 없기 때문에 젊었을 때 노후 준비를 하는 사람이 많다.

① 소득   ② 소음   ③ 손길   ④ 손질

(3) 이번에 개봉할 그 영화는 독특하고 신선한 (   )로 기대를 모으고 있다.

① 성과   ② 성질   ③ 세대   ④ 소재

(4) 나는 쉬면서 인생의 목표를 다시 (   ) 실행 계획을 구체적으로 만들어 보았다.

① 속이고   ② 속하고   ③ 설득하고   ④ 설정하고

(5) 외국인을 대상으로 좋아하는 한국 음식을 조사한 결과 청년층은 치킨과 떡볶이를 (   ) 반면 중노년층은 비빔밥을 (   ) 것으로 나타났다.

① 선호하는   ② 설립하는   ③ 설치하는   ④ 성숙하는

(6) 다른 사람을 거짓말로 (   ) 안 된다.

① 속여서는   ② 속해서는   ③ 설치해서는   ④ 손잡아서는

(7) 이제 다 지나간 일이니 아무리 후회해 봤자 (   ).

① 소중해요   ② 소홀해요   ③ 솔직해요   ④ 소용없어요

4. 다음 단어와 관계가 있는 동사를 보기 에서 고르세요.

| 보기 | 설레다 | 속하다 | 손잡다 |

(1) 팀   상류층   그룹   → _____
(2) 친구   협력   동업   → _____
(3) 고백   여행   데이트   → _____

5. 다음 ( ) 안에 공통적으로 들어갈 단어를 고르세요.

(1)
아이가 집중을 못하고 (   )이 사나워서 심리 치료를 받고 있다.
일할 때 가끔 욱하는 (   ) 때문에 사표를 낼 뻔한 적이 많다.

① 설득   ② 설정   ③ 성장   ④ 성질

(2)
무료 진료를 나온 의료진의 (   )이 산골 마을에 따뜻하게 전해졌다.
겨울이 되면 이웃에게 따뜻한 (   )을 건네는 모습을 어렵지 않게 볼 수 있다.

① 세금   ② 소음   ③ 손길   ④ 손질

6. 다음 단어 중에서 보기 의 단어와 관계가 없는 것을 고르세요.

(1) 보기   손해

① 나다   ② 보다   ③ 오다   ④ 입다

(2) 보기   성과

① 내다   ② 얻다   ③ 입다   ④ 이루다

(3) 보기   세금

① 내다   ② 하다   ③ 거두다   ④ 부과하다

7. 다음 ( ) 안에 가장 알맞은 단어를 보기 에서 고르세요.

> 보기　　　　설마　　　소중히　　　소홀히

(1) 결과만 중시하고 과정을 (　　　) 여겨서는 안 된다.
(2) 지금 한 말이 (　　　) 사실은 아니겠지요? 그런 일은 있을 수 없어요.
(3) 그 사람과 함께한 모든 순간을 (　　　) 여깁니다. 잊을 수 없을 거예요.

8. 이것은 무엇입니까? 다음을 읽고 내용에 맞는 단어를 보기 에서 고르세요.

> 보기　　　　설립　　　설정　　　설치

(1) 기관이나 조직체 등을 새로 만들어 세우는 것을 말합니다.
　　이것은 (　　　)입니다.

(2) 문제, 관계, 단계, 목표, 규모 등을 새로 만들어 정하는 것을 말합니다.
　　이것은 (　　　)입니다.

(3) 어떤 일을 하는 데 필요한 기계, 설비, 건물 등을 마련하여 갖추는 것을 말합니다.
　　이것은 (　　　)입니다.

9. 다음 ( ) 안에 알맞은 단어를 보기 에서 골라서 문장을 완성하세요.

> 보기　　　　세대　　　소득　　　소비

경제 활동의 주축으로 성장하고 있는 20~30대 밀레니얼 (　　　)이/가 최근 새로운 (　　　) 주체로 떠오르면서 기업은 이들의 마음 얻기에 나섰다. 그러나 올해 경제 불황이 지속되면서 일자리가 줄어들어 20~30대의 실업률이 증가하고 있다. 이에 따라 (　　　)이/가 줄게 되자 경제 활동도 위축되고 있다.

44일차 연습 ①

결과 ○ 24개 이상 ▲ ○ 23개 이하 ▼

쓰면서 외워 봅시다. 외운 단어에는 ○ 해 보세요.

번호	한국어	의미	연습하기
①	수도권 명		수도권
2	수동적 관, 명		
3	수명 명		
4	수속 명		
5	수시로 부		
6	수요 명		
7	수용 명		
8	수준 명		
9	숙이다 동		
10	순간적 명		
11	순수하다 형		
12	순식간 명		
13	순진하다 형		
14	순하다 형		
15	숨기다 동		
16	스치다 동		
17	슬쩍 부		
18	승낙 명		
19	승리 명		
20	승패 명		
21	시각 명		
22	시달리다 동		
23	시도 명		
24	시들다 동		
25	시력 명		
26	시선 명		
27	시절 명		
28	시합 명		
29	시행 명		
30	신념 명		

44일차 연습 2

1. 다음 그림과 관계있는 말을 연결하세요.

(1)    • ① 승리

(2)    • ② 시력

(3) 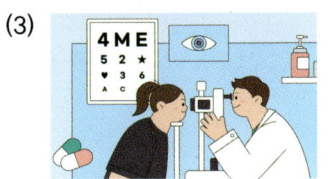   • ③ 시합

2. 다음 그림을 보고 문장을 완성하세요.

(1)  화분의 풀이 _____ (-았/었어요).

(2)  남자가 등 뒤에 꽃을 _____ (-고 있어요).

(3) 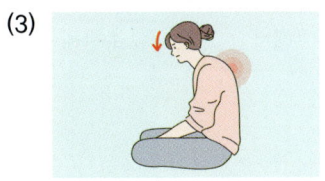 여자가 고개를 _____ (-고 있어요).

3. 다음 (　) 안에 가장 알맞은 단어를 고르세요.

(1) 재판을 받고 있는 그는 어떤 판결이 나오더라도 (　)할 것이라고 밝혔다.

① 수요　② 수용　③ 승낙　④ 승리

(2) 노화 현상으로 (　)이/가 나빠져서 안경을 맞췄어요.

① 시각　② 시도　③ 시력　④ 시절

(3) 확고한 (　)을 가지고 꾸준히 노력하다 보면 꿈을 이룰 것이다.

① 시선　② 시합　③ 시행　④ 신념

(4) 한 학자가 인간의 노화를 막고 (　)을 연장시킬 수 있다는 연구 결과를 발표했다.

① 수명　② 수속　③ 수준　④ 수도권

(5) 이제 시청자는 (　)이기만 한 존재가 아니며 능동적으로 영상을 제작하기도 한다.

① 수도권　② 수동적　③ 순간적　④ 순식간

(6) 직장에서 하루 종일 일에 (　) 정말 힘듭니다.

① 숨겨서　② 스쳐서　③ 시들어서　④ 시달려서

(7) 술이 독하지 않고 (　) 마시기가 편해요.

① 순해서　② 순박해서　③ 순수해서　④ 순진해서

4. 다음 ( ) 안에 가장 알맞은 단어를 보기 에서 고르세요.

| 보기 | 슬쩍 | 수시로 |

(1) 어제 싸웠던 친구가 맞은편에서 걸어와서 (   ) 피했다.
(2) 안약은 시간이 날 때마다 (   ) 한 방울씩 눈에 넣으세요.

5. 다음 밑줄 친 부분과 비슷한 의미의 단어를 고르세요.

(1) 광고는 순식간에 사람들의 <u>눈길</u>을 사로잡을 수 있어야 합니다.

① 수용　　② 수준　　③ 승낙　　④ 시선

(2) 그는 어린아이와 같은 <u>순박한</u> 마음을 가지고 있어요.

① 가벼운　　② 따뜻한　　③ 순진한　　④ 장난스런

6. 다음 단어 중에서 보기 의 단어와 관계가 <u>없는</u> 것을 고르세요.

(1) | 보기　　　　　　　　　승리 |

① 나다　　② 얻다　　③ 하다　　④ 거두다

(2) | 보기　　　　　　　　　승낙 |

① 받다　　② 얻다　　③ 찾다　　④ 구하다

(3) | 보기　　　　　　　　　승패 |

① 가르다　　② 겨루다　　③ 당하다　　④ 결정하다

7. 다음 두 단어의 관계가 나머지 셋과 <u>다른</u> 것을 고르세요.

(1)
① 수요 – 공급
② 승낙 – 허락
③ 승패 – 승부
④ 시각 – 관점

(2)
① 수동적 – 능동적
② 숙이다 – 굽히다
③ 순간적 – 일시적
④ 숨기다 – 감추다

8. 이것은 무엇입니까? 다음을 읽고 내용에 맞는 단어를 보기 에서 고르세요.

보기   수속   수요   수준   시행

(1) 사물의 가치나 등급의 일정한 표준이나 정도를 말합니다.
   이것은 (   )입니다.

(2) 어떤 물건을 일정한 가격으로 사려고 하는 욕구를 말합니다.
   이것은 (   )입니다.

(3) 어떤 제도나 법안을 현실에서 실제로 발생시키는 것을 말합니다.
   이것은 (   )입니다.

(4) 어떤 일을 수행하거나 처리하기 전에 거쳐야 할 과정이나 단계를 말합니다.
   이것은 (   )입니다.

9. 다음 (   ) 안에 알맞은 단어를 보기 에서 골라서 문장을 완성하세요.

보기   시도   시절   신념

젊은 (   )에는 도전하는 것이 겁나지 않았다. 돌이켜 보면 그렇게 결과에 상관없이 (   )을/를 해 보았던 것이 성장의 계기가 되었던 것 같다. 그러므로 실패에 대한 두려움보다는 스스로에 대한 (   )을/를 가지는 것이 더 중요하다.

45 일차 연습 ①

결과 ○ 24개 이상 ▲ 이렇게 하세요. 연습 2로 응! ○ 23개 이하 ▼ 다시 한번 암기~!

쓰면서 외워 봅시다. 외운 단어에는 ○ 해 보세요.

번호	한국어	의미	연습하기
①	신비 명		신비
2	신세 명		
3	신제품 명		
4	신중 명		
5	신화 명		
6	실감 명		
7	실습 명		
8	실시하다 동		
9	실업 명		
10	실용적 관, 명		
11	실제 명		
12	실천 명		
13	실험 명		
14	실현 명		
15	심리적 관, 명		
16	심정 명		
17	심지어 부		
18	십상 명		
19	썰렁하다 형		
20	쏘다 동		
21	쐬다 동		
22	쑤시다 동		
23	쑥스럽다 형		
24	쓰다듬다 동		
25	쓰러지다 동		
26	쓸데없다 형		
27	쓸쓸하다 형		
28	씌우다 동		
29	씻기다 동		
30	아깝다 형		

45일차 연습 2

1. 다음 그림과 관계있는 말을 연결하세요.

   (1)    • ① 기분이 쓸쓸하다.

   (2)    • ② 바람을 쐬고 있다.

   (3)    • ③ 전봇대가 쓰러져 있다.

2. 다음 그림을 보고 문장을 완성하세요.

   (1)    아빠가 아이를 _____ (-고 있어요).

   (2)    엄마가 아이의 머리를 _____ (-고 있어요).

   (3)    엄마가 아이에게 모자를 _____ (-고 있어요).

3. 다음 ( ) 안에 가장 알맞은 단어를 고르세요.

(1) 우주 과학 분야를 계속 연구해 우주의 (   )를 밝혀내고 싶다.

① 신비   ② 신세   ③ 신화   ④ 실제

(2) 정치인의 발언은 쉽게 오해를 살 수 있기 때문에 (   )을 기해야 한다.

① 신중   ② 실감   ③ 실습   ④ 실업

(3) 생각에만 그치지 말고 (   )으로 옮기는 것이 필요해요.

① 실천   ② 실험   ③ 실현   ④ 심정

(4) 저는 일상에서 자주 사용할 수 있는 (   )인 제품을 선호하는 편이에요.

① 성장   ② 십상   ③ 실용적   ④ 심리적

(5) 비 오는 날에 몸이 더 (   ) 원인은 무엇일까요?

① 쏘는   ② 쐬는   ③ 쑤시는   ④ 씌우는

(6) 학생회장을 선출하기 위해 온라인 투표를 (   ) 예정입니다.

① 실시할   ② 실습할   ③ 실천할   ④ 실험할

(7) 지금까지 제가 한 일은 모두 헛수고였어요. (   ) 일이 되어 버렸어요.

① 썰렁한   ② 쓸쓸한   ③ 쑥스러운   ④ 쓸데없는

4. 다음 두 단어의 관계가 나머지 셋과 다른 것을 고르세요.

(1)
① 신세 – 처지
② 신중 – 경솔
③ 실제 – 허구
④ 실천 – 이론

(2)
① 실업 – 취업
② 실현 – 달성
③ 실시하다 – 시행하다
④ 쑥스럽다 – 부끄럽다

5. 다음 단어 중에서 보기 의 단어와 관계가 없는 것을 고르세요.

(1) 보기 신세

① 되다 ② 주다 ③ 망치다 ④ 한탄하다

(2) 보기 신제품

① 내놓다 ② 이루다 ③ 선보이다 ④ 출시하다

6. 다음 ( ) 안에 공통적으로 들어갈 단어를 고르세요.

(1)
휴일을 아무것도 하지 않고 보내서 시간이 (   ).
그동안 고생하면서 해 온 일인데 이제 와서 그만두기가 (   ).

① 아깝다 ② 쑥스럽다 ③ 쓸데없다 ④ 쓸쓸하다

(2)
교실 안이 (   ) 것 같은데 춥지 않아요?
모두 퇴근한 사무실은 (   ).

① 신비롭다 ② 썰렁하다 ③ 쓰다듬다 ④ 쓰러지다

7. 다음 단어와 관계가 있는 동사를 보기 에서 고르세요.

> 보기   쏘다   쐬다   씌우다

(1)   총   활   대포   → _____
(2)   바람   공기   햇볕   → _____
(3)   모자   안경   마스크   → _____

8. 이것은 무엇입니까? 다음을 읽고 내용에 맞는 단어를 보기 에서 고르세요.

> 보기   신화   실습   실업   실험

(1) 일할 기회를 얻지 못하거나 일자리를 잃은 상태를 말합니다.
   이것은 (   )입니다.

(2) 이론으로 배운 것을 실제로 직접 경험해 보면서 익히는 것을 말합니다.
   이것은 (   )입니다.

(3) 이론이나 가설 등이 실제로 가능한지를 알아보기 위해 직접 해 보는 것을 말합니다.
   이것은 (   )입니다.

(4) 뛰어난 능력을 지닌 주인공이 세상을 창조하거나 나라를 세우는 이야기를 말합니다.
   이것은 (   )입니다.

9. 다음 (   ) 안에 알맞은 단어를 보기 에서 골라서 문장을 완성하세요.

> 보기   심정   십상   심지어

철저한 준비 없이 사업을 했다가는 망하기 (   )이라는/라는 말을 많이 들었다. 그래서 오랫동안 준비한 끝에 사업을 시작했는데 코로나로 인해서 문을 닫을 수밖에 없었다. 그때 내 (   )은/는 참담하기 그지없었다. 아무도 만나고 싶지 않았고 아무것도 먹고 싶지 않았으며 (   ) 아무 말도 하고 싶지 않았다.

46일차 연습 ①

결과 ○ 24개 이상 ▲ ○ 23개 이하 ▼
이렇게 하세요. 연습 2로 슝! 다시 한번 암기~!

쓰면서 외워 봅시다. 외운 단어에는 ○ 해 보세요.

번호	한국어	의미	연습하기
①	아예 [부]		아예
2	아울러 [부]		
3	악몽 [명]		
4	악취 [명]		
5	악화되다 [동]		
6	안기다[1] [동]		
7	안기다[2] [동]		
8	안타깝다 [형]		
9	앉히다 [동]		
10	알아맞히다 [동]		
11	알아주다 [동]		
12	알차다 [형]		
13	앓다 [동]		
14	암기 [명]		
15	압력 [명]		
16	앞두다 [동]		
17	앞서다 [동]		
18	앞세우다 [동]		
19	앞장서다 [동]		
20	애쓰다 [동]		
21	야단 [명]		
22	약점 [명]		
23	얌전 [명]		
24	양심 [명]		
25	어긋나다 [동]		
26	어느덧 [부]		
27	어리석다 [형]		
28	어색하다 [형]		
29	어쨌든 [부]		
30	어쩌다 [부]		

46일차 연습 2

1. 다음 그림과 관계있는 말을 연결하세요.

(1)  •   • ① 악몽을 꿔요.

(2)  •   • ② 악취가 나요.

(3)  •   • ③ 몸살을 앓아요.

2. 다음 그림을 보고 문장을 완성하세요.

(1)  엄마가 아이를 의자에 _____ (-았/었어요).

(2)  엄마가 아기를 아빠에게 _____ (-았/었어요).

(3)  아이가 아빠에게 _____ (-았/었어요).

3. 다음 (   ) 안에 가장 알맞은 단어를 고르세요.

(1) 불면증이 심했는데 모처럼 (   )도 꾸지 않고 깊이 잘 잤다.

① 악몽　　② 안정　　③ 암기　　④ 연기

(2) 화장실의 (   ) 때문에 교실 문을 열어 놓을 수 없다.

① 악취　　② 압력　　③ 양식　　④ 양심

(3) 다른 사람의 말이나 행동에 지나치게 신경을 쓰는 게 바로 나의 (   )이다.

① 안색　　② 앞날　　③ 야단　　④ 약점

(4) 내 마음을 (   ) 사람은 가족들밖에 없다.

① 앞두는　　② 악화되는　　③ 알아주는　　④ 어긋나는

(5) 그는 문제가 생길 때마다 (   ) 해결하려고 하는 적극적인 학생이에요.

① 알아줘서　　② 앞세워서　　③ 앞장서서　　④ 어긋나서

(6) 과학 기술이 발달하지 않았던 옛날에는 하늘을 보고 날씨를 (   ).

① 알아줬다　　② 앞장섰다　　③ 어긋났다　　④ 알아맞혔다

(7) 우리 부모님은 여자 친구가 차분하고 (   ) 마음에 든다고 하셨다.

① 얌전해서　　② 안타까워서　　③ 어리석어서　　④ 어지러워서

4. 다음 단어 중에서 보기 의 단어와 관계가 없는 것을 고르세요.

(1) 보기　　　　　　　　야단

① 떨다　　② 맞다　　③ 받다　　④ 치다

(2) 보기　　　　　　　　양심

① 하다　　② 버리다　　③ 찔리다　　④ 어긋나다

5. 다음 밑줄 친 부분과 비슷한 의미의 단어를 고르세요.

(1) 어려운 상황에 처한 친구를 도와주지 못해서 가슴이 아프고 답답하다.

① 알차다　　② 안타깝다　　③ 어리석다　　④ 어색하다

(2) 동생은 온힘을 다해 노력하는데 정작 나는 하는 일이 없어 미안하다.

① 안기는데　　② 앞두는데　　③ 앞서는데　　④ 애쓰는데

(3) 아버지는 이곳으로 이사한 이후 건강이 나빠지셔서 병원에 계세요.

① 악화되셔서　　② 알아주셔서　　③ 앞장서셔서　　④ 어긋나셔서

6. 다음 (　　) 안에 공통적으로 들어갈 단어를 고르세요.

(1) 어려운 시험에 합격한 친구에게 축하의 꽃다발을 (　　　) 주었다.
고향으로 돌아오자마자 엄마의 가슴에 (　　　) 펑펑 울었다.

① 안기다　　② 앉히다　　③ 앞두다　　④ 애쓰다

(2) 웃어른과 물건을 주고받을 때 한 손으로 드는 것은 예의에 (　　　).
부부 싸움 이후로 우리 사이는 점점 (　　　) 시작했다.

① 알아주다　　② 앞세우다　　③ 앞장서다　　④ 어긋나다

46 일차

7. 다음 밑줄 친 부분과 반대되는 의미의 단어를 고르세요.

(1) 내 친구는 몸이 약해서 걷거나 뛸 때 다른 사람보다 항상 <u>뒤처진다</u>.

① 앓다　　② 앞두다　　③ 앞서다　　④ 애쓰다

(2) 모델들은 카메라 앞에서 <u>자연스러운</u> 포즈를 취하며 사진을 찍었다.

① 알차다　　② 안타깝다　　③ 어리석다　　④ 어색하다

(3) 우리 집 강아지는 <u>영리해서</u> 사람이 말하면 잘 알아듣고 눈치도 빠르다.

① 알차다　　② 안타깝다　　③ 어리석다　　④ 어색하다

8. 다음이 설명하고 있는 어휘는 무엇입니까? 맞는 단어를 〈보기〉에서 고르세요.

보기	어쨌든　어쩌다　앞세우다　앞장서다

(1) 의견이나 일의 상황 등이 어떻게 되어 있든지.　→ _____
(2) 제일 앞에 서게 하거나 먼저 앞에 나아가게 하다.　→ _____
(3) 어떻게 하다가 뜻밖에 우연히. 또는 가끔, 이따금.　→ _____
(4) 제일 앞에 서다. 또는 어떤 일을 할 때에 가장 먼저 나서다.　→ _____

9. 다음 ( ) 안에 알맞은 단어를 〈보기〉에서 골라서 문장을 완성하세요.

보기	아예　아울러　알차다　앞두다　어느덧　안타깝다

이번 경주 여행은 아름다운 경치도 감상하고 (　　　) 역사 공부도 할 수 있었던 (　　　) 여행이었다. 그동안 공부하랴 아르바이트도 하랴 여행은 (　　　) 생각하지도 못했지만 졸업을 (　　　), 동기들과 이곳에 오기를 정말 잘했다는 생각이 든다. 경주에 온 지 (　　　) 일주일이 지났다. 현실적으로 우리가 언제 또 함께 할 수 있을지 생각하면 (　　　) 언젠간 꼭 다시 이곳에 오리라 다짐해 본다.

47일차 연습 ①

결과 ○ 24개 이상 ▲ ○ 23개 이하 ▼
이렇게 하세요. 연습 2로 응! 다시 한번 암기~!

쓰면서 외워 봅시다. 외운 단어에는 ○ 해 보세요.

번호	한국어	의미	연습하기
①	어쩌면 [부]		어쩌면
2	어쩐지 [부]		
3	어찌나 [부]		
4	어차피 [부]		
5	억양 [명]		
6	억울하다 [형]		
7	억지로 [부]		
8	언급 [명]		
9	언론 [명]		
10	언젠가 [부]		
11	얼리다 [동]		
12	엄격하다 [형]		
13	엄숙하다 [형]		
14	엄청나다 [형]		
15	업적 [명]		
16	엉뚱하다 [형]		
17	엉망 [명]		
18	엉터리 [명]		
19	엎드리다 [동]		
20	여간 [부]		
21	여건 [명]		
22	여부 [명]		
23	여전히 [부]		
24	연간 [명]		
25	연관 [명]		
26	연봉 [명]		
27	연설 [명]		
28	연속 [명]		
29	연체 [명]		
30	연출 [명]		

47일차 연습 2

1. 다음 그림과 관계있는 말을 연결하세요.

(1)  • • ① 언론

(2)  • • ② 엉망

(3)  • • ③ 업적

2. 다음 그림을 보고 문장을 완성하세요.

(1) 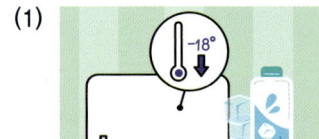 냉동실에서 물을 _____ (-고 있어요).

(2)  피곤해서 책상 위에 _____ (-아/어 있어요).

(3)  교통사고로 차가 7대나 _____ (으로/로) 부딪혔어요.

3. 다음 ( ) 안에 가장 알맞은 단어를 고르세요.

(1) 김 감독은 20년 넘게 드라마 ( )을 맡아 온 베테랑이다.

① 야단　　② 언론　　③ 여간　　④ 연출

(2) 그의 말에는 부산 ( )이 남아 있어서 들으면 바로 고향을 알 수 있다.

① 약점　　② 얌전　　③ 억양　　④ 여건

(3) 그는 이번 사건과 아무런 ( )도 없어요.

① 양심　　② 언급　　③ 연간　　④ 연관

(4) 전기 요금, 수도 요금과 같은 공과금은 ( )을/를 하면 돈을 더 내야 돼요.

① 엄격　　② 여부　　③ 연속　　④ 연체

(5) 그동안의 영업 성과가 좋아서 올해에는 ( )이 인상될 것이다.

① 업적　　② 엉망　　③ 연봉　　④ 연설

(6) 명절이라서 고향으로 내려가는 귀성객들 때문에 고속도로가 ( ) 막힌다.

① 억울하게　　② 엄숙하게　　③ 엄청나게　　④ 엉뚱하게

(7) 내가 물건을 훔치지 않았다고 했는데 아무도 믿어주지 않아서 너무 ( ).

① 억울하다　　② 엄숙하다　　③ 엄청나다　　④ 엉뚱하다

47 일차

4. 다음 밑줄 친 부분과 비슷한 의미의 단어를 고르세요.

(1) 그 아이들은 <u>주어진 조건이나 환경</u>이 어려웠으나 바르게 자랐다.

① 여건　　② 여부　　③ 연간　　④ 연속

(2) 감기에 걸려서 입맛이 없었지만 <u>마지못해서 강제로</u> 밥을 먹었다.

① 어느덧　　② 어쩌다　　③ 어차피　　④ 억지로

(3) 아직 이상형을 못 만나서 그렇지 나도 <u>미래의 어느 때</u> 남자 친구가 생길 거야.

① 어쨌든　　② 어쩐지　　③ 언젠가　　④ 여전히

(4) 우리 집은 아버지가 매우 <u>엄하고 철저해서</u> 10시 전에는 반드시 들어가야 해요.

① 억울해서　　② 엄격해서　　③ 엄숙해서　　④ 엄청나서

5. 다음 단어를 보고 연상되는 단어를 보기 에서 고르세요.

| 보기 | 얼리다　　엉뚱하다　　연설하다 |

(1)　강연　　　주장　　　청중　　　→ _____
(2)　겨울　　　영하　　　얼음　　　→ _____
(3)　이상하다　특이하다　별나다　　→ _____

6. 다음 문장에 알맞은 단어를 ( ) 안에서 골라 ○ 하세요.

(1) 현충일 기념 의식이 (엄숙하게, 엄격하게) 진행되었다.
(2) 그 기업은 올해 (여간, 연간) 수출액으로 1억 달러를 달성했다.
(3) 그는 지금까지 과거에 대해서 한번도 (언론, 언급)을 한 적이 없다.
(4) 집이 너무 (엉망, 엉터리)이라서/라서 정리하려면 시간이 좀 걸릴 거예요.

7. 다음 (   ) 안에 공통적으로 들어갈 단어를 고르세요.

(1)
> 아직은 잘 모르지만 (   ) 여기 다시 오게 될지도 몰라요.
> 와, 진짜 (   ) 저렇게 노래를 잘할까? 정말 대단하다.

① 아울러   ② 어쩌다   ③ 어쩌면   ④ 여전히

(2)
> 말을 너무나 잘하는 사람을 보면 (   ) 믿음이 가지 않는다.
> 둘이 사귀는구나. (   ) 두 사람이 매일 붙어 있더라고.

① 어느새   ② 어쩐지   ③ 어찌나   ④ 어차피

8. 다음 (   ) 안에 가장 알맞은 단어를 보기 에서 고르세요.

> 보기   여간   어찌나   어차피   여전히

(1) 어제 바람이 (   ) 많이 부는지 집이 날아가는 줄 알았어요.
(2) 여자 혼자서 아이를 키운다는 것은 (   ) 어려운 일이 아니다.
(3) 그는 나이가 많이 들었는데도 (   ) 젊었을 때 모습 그대로였다.
(4) 지금 뛰어가도 (   ) 기차를 놓칠 테니까 그냥 다음 기차를 탑시다.

9. 다음이 설명하고 있는 어휘는 무엇입니까? 맞는 단어를 보기 에서 고르세요.

> 보기   엉망   여부   엉터리

(1) ① 그러함과 그러하지 아니함. ② 틀리거나 의심할 여지. → _____
(2) ① 근거가 없는 믿을 수 없는 말이나 행동. 또는 그런 사람. ② 겉으로 보는 것과 달리 내용이 부족하거나 실속이 없는 것. → _____
(3) ① 일이나 사물이 정리가 안 되고 뒤섞여서 어수선한 상태. ② 수준이 매우 떨어져서 한심한 상태. ③ 술에 매우 취해서 제정신을 잃은 상태. → _____

48일차 연습 ①

결과 ○ 24개 이상 ▲ ○ 23개 이하 ▼
이렇게 하세요. 연습 2로 송이! 다시 한번 암기~!

쓰면서 외워 봅시다. 외운 단어에는 ○ 해 보세요.

번호	한국어	의미	연습하기
①	열기 명		열기
2	열정적 명		
3	열중하다 동		
4	엿보다 동		
5	영업 명		
6	영원하다 형		
7	영향력 명		
8	예감 명		
9	예산 명		
10	예외 명		
11	오염 명		
12	오직 부		
13	오히려 부		
14	온갖 관		
15	완벽하다 형		
16	완전 명		
17	왠지 부		
18	외치다 동		
19	요구 명		
20	요약 명		
21	요인 명		
22	요청 명		
23	용감하다 형		
24	용건 명		
25	용도 명		
26	용서 명		
27	우기다 동		
28	우려 명		
29	우승 명		
30	우아하다 형		

48일차 연습 2

1. 다음 그림과 관계있는 말을 연결하세요.

(1)  • • ① 엿보고 있어요.

(2)  • • ② 열중하고 있어요.

(3)  • • ③ 영업을 하고 있어요.

2. 다음 그림을 보고 문장을 완성하세요.

(1)  공장 폐수 때문에 하천의 물이 _____ (-았/었어요).

(2)  "불이야!" 하고 큰 소리로 _____ (-았/었어요).

(3) 대회에서 _____ (-아/어서) 금메달을 받았어요.

3. 다음 ( ) 안에 가장 알맞은 단어를 고르세요.

(1) 물가 상승의 주요 (   )으로 이상 기후를 꼽았다.

① 열정　　② 예감　　③ 예산　　④ 요인

(2) 어머니에게 잘못을 솔직하게 말씀드리고 (   )를 구했다.

① 예외　　② 요구　　③ 용서　　④ 우려

(3) 인터넷의 (   )은 신문이나 텔레비전보다 더 커지고 있다.

① 영업　　② 예감　　③ 요약　　④ 영향력

(4) 두 사람은 결혼식을 올리며 (   ) 사랑을 약속했다.

① 엄격한　　② 영원한　　③ 용감한　　④ 우아한

(5) 그는 목숨이 위험한 상황에서도 (   ) 다른 사람들을 구해 주었다.

① 영리하게　　② 영원하게　　③ 용감하게　　④ 우아하게

(6) 그 여자의 옷차림은 (   ) 세련돼서 너무 매력적이었다.

① 억울하고　　② 영원하고　　③ 완전하고　　④ 우아하고

(7) 자동차 배기가스, 공장의 매연 등으로 대기 오염이 (   ).

① 예감된다　　② 요구된다　　③ 우려된다　　④ 연속된다

4. 다음 단어 중에서 보기 의 단어와 관계가 없는 것을 고르세요.

   (1) 보기   완벽하다

   ① 계획   ② 성격   ③ 외모   ④ 용감

   (2) 보기   열기

   ① 식다   ② 하다   ③ 뜨겁다   ④ 더하다

5. 다음 밑줄 친 부분과 비슷한 의미의 단어를 고르세요.

   (1) 시간이 없으니까 길게 돌려서 말하지 말고 해야 할 일만 짧게 이야기해 줘.

   ① 요인   ② 용건   ③ 용도   ④ 용서

   (2) 이 내용은 이미 결정이 났는데도 그는 끝까지 자기의 의견을 고집하고 있다.

   ① 애쓰고   ② 어기고   ③ 엿보고   ④ 우기고

   (3) 연설을 잘 듣고 중요한 내용을 간단하게 정리해서 제출하라고 했다.

   ① 완전해서   ② 요약해서   ③ 용서해서   ④ 우려해서

   (4) 그 여자는 경찰에게 자기를 보호해 달라고 신변 보호를 요청했다.

   ① 요구했다   ② 용서했다   ③ 우려했다   ④ 우승했다

6. 다음 문장에 알맞은 단어를 (   ) 안에서 골라 ○ 하세요.

   (1) 분리수거한 쓰레기들은 재활용하여 다른 (용도, 용서)로 쓰인다.
   (2) 모든 규칙에는 (예감, 예외)이/가 있어서 100% 적용할 수는 없다.
   (3) 벽난로에 불을 붙이자 뜨거운 (열기, 열정)이/가 방 안을 가득 채웠다.

48 일차

7. 다음 ( ) 안에 들어갈 수 <u>없는</u> 단어를 고르세요.

(1) 한 민족의 문화와 정신이 깃든 문화재는 그 가치가 ( ).

① 끝없다　② 무한하다　③ 영원하다　④ 용감하다

(2) 내 동생은 한 가지 일에 ( ) 다른 일에는 전혀 신경을 쓰지 못한다.

① 몰두하다　② 우승하다　③ 열중하다　④ 집중하다

(3) 그 사람은 일 처리를 ( ) 해서 사람들에게 신뢰가 높다.

① 빈틈없다　② 영원하다　③ 완벽하다　④ 완전무결하다

8. 다음 단어를 보고 연상되는 단어를 보기 에서 고르세요.

| 보기 | 오염 | 용도 | 우승 |

(1)　수질　　대기　　토양　　→ _____
(2)　사용　　기능　　쓰임새　→ _____
(3)　경기　　금메달　올림픽　→ _____

9. 다음 ( ) 안에 가장 알맞은 단어를 보기 에서 고르세요.

| 보기 | 오직 | 온갖 | 왠지 | 오히려 |

(1) 내가 사랑하는 사람은 ( ) 너뿐이야.
(2) 그는 성공하기 위해서 ( ) 수단과 방법을 다 썼다.
(3) 내 친구는 자기가 잘못했는데 ( ) 미안해하지 않고 화를 냈다.
(4) 그를 오늘 처음 만났는데 ( ) 어디에선가 본 적이 있는 것 같다.

49 일차 연습 ①

결과 ○ 24개 이상 ▲ ○ 23개 이하 ▼

쓰면서 외워 봅시다. 외운 단어에는 ○ 해 보세요.

번호	한국어	의미	연습하기
①	우연 명		우연
2	운영하다 동		
3	운행 명		
4	웃기다 동		
5	워낙 부		
6	원리 명		
7	원만하다 형		
8	원칙 명		
9	웬 관		
10	웬만하다 형		
11	위기 명		
12	위대하다 형		
13	위로 명		
14	위반 명		
15	위협 명		
16	유난히 부		
17	유능하다 형		
18	유리하다 형		
19	유산 명		
20	유지하다 동		
21	유창하다 형		
22	유치하다 형		
23	유쾌하다 형		
24	유형 명		
25	유혹 명		
26	은혜 명		
27	의도 명		
28	의무 명		
29	의사 명		
30	의식 명		

49일차 연습 2

1. 다음 그림과 관계있는 말을 연결하세요.

(1)  • • ① 운행해요.

(2)  • • ② 위대해요.

(3)  • • ③ 위협해요.

2. 다음 그림을 보고 문장을 완성하세요.

(1)
신호를 _____ (-았/었어요).

(2)
개그맨이 너무 _____ (-아/어요).

(3)
그녀는 한국어가 _____ (-아/어요).

TOPIK II

3. 다음 ( ) 안에 가장 알맞은 단어를 고르세요.

(1) 힘들고 외로울 때 가족이나 친구들의 ( )가 큰 힘이 된다.

① 위로 ② 은혜 ③ 의무 ④ 의사

(2) 그 아이는 다른 아이들에 비해서 ( ) 키가 컸다.

① 억지로 ② 언젠가 ③ 우연히 ④ 유난히

(3) 컴퓨터 사용법을 배워서 이젠 ( ) 문서는 스스로 작성할 수 있다.

① 원만한 ② 웬만한 ③ 위대한 ④ 유리한

(4) 그 사람은 망해 가는 기업을 다시 일으켜서 성장시킨 ( ) 사업가이다.

① 유능한 ② 유창한 ③ 유치한 ④ 유쾌한

(5) 저는 개그맨이 되어서 사람들을 ( ) 싶습니다.

① 웃기고 ② 운영하고 ③ 위반하고 ④ 유지하고

(6) 그 배우는 건강을 ( ) 위해 꾸준한 운동과 채소 위주의 식사를 한다.

① 위로하기 ② 위협하기 ③ 유지하기 ④ 의도하기

(7) 그 사람은 여러 가지 자격증을 가지고 있어서 취업하기에 ( ).

① 유능하다 ② 유리하다 ③ 유창하다 ④ 유쾌하다

49 일차

4. 다음 단어를 보고 연상되는 단어를 보기 에서 고르세요.

| 보기 | | 운영 | 원리 | 은혜 |

(1) 가게   회사   기업   → _____
(2) 원칙   규칙   법칙   → _____
(3) 부모님   선생님   스승   → _____

5. 다음 밑줄 친 부분과 반대되는 의미의 단어를 고르세요.

(1) 그 사람은 성격이 워낙 <u>모나서</u> 친구가 별로 없다.

① 원만하다   ② 웬만하다   ③ 위대하다   ④ 유쾌하다

(2) 그 아이는 가장이라서 그런지 생각이나 행동이 매우 <u>성숙하다</u>.

① 유능하다   ② 유리하다   ③ 유창하다   ④ 유치하다

6. 다음 ( ) 안에 공통적으로 들어갈 단어를 고르세요.

(1) 그 사람은 죽은 후에 자식들에게 막대한 ( )을 남겼다.
아이가 ( )이 되었다는 말을 듣고 슬픔의 눈물을 흘렸다.

① 유혹   ② 유형   ③ 유산   ④ 위협

(2) 어떤 사람이 길을 걷다가 갑자기 ( )을/를 잃고 쓰러졌다.
교육을 통해 아이들에게 올바른 ( )을/를 심어 주어야 한다.
관혼상제와 같은 전통적인 ( )이/가 점차 사라지고 있다.

① 의도   ② 의식   ③ 원칙   ④ 우연

(3) 내게 화가 났다며 나를 괴롭히려고 하는 그의 행동이 너무 ( ).
학교에서는 좋은 학생들을 ( ) 위해 장학금을 늘리기로 했다.

① 원만하다   ② 위대하다   ③ 유창하다   ④ 유치하다

7. 다음 두 단어의 관계가 나머지 셋과 <u>다른</u> 것을 고르세요.

(1)
① 우연 – 필연   ② 유형 – 종류
③ 의식 – 무의식   ④ 웃기다 – 울리다

(2)
① 유능하다 – 무능하다   ② 유리하다 – 불리하다
③ 유창하다 – 막힘없다   ④ 유쾌하다 – 불쾌하다

8. 다음 (   ) 안에 들어갈 수 <u>없는</u> 단어를 고르세요.

(1) 그 일은 나의 (   )와/과 다르게 점점 복잡해지고 있다.

① 원리   ② 의도   ③ 생각   ④ 의사

(2) 미세 먼지 때문에 공기가 (   ) 나빠져서 마스크를 꼭 써야 한다.

① 몹시   ② 무척   ③ 워낙   ④ 문득

(3) 이 책은 (   ) 업적을 남긴 위인들에 대한 이야기를 다루었다.

① 위대한   ② 뛰어난   ③ 훌륭한   ④ 유창한

(4) 그 사람은 기업을 (   ) 책임지는 사람이다.

① 경영하고   ② 관리하고   ③ 운영하고   ④ 운행하고

9. 다음이 설명하고 있는 어휘는 무엇입니까? 맞는 단어를 보기 에서 고르세요.

| 보기 | 운행 | 위기 | 의무 |

(1) 사람으로서 당연히 해야 할 일. 또는 맡은 직분. → _____
(2) 정해진 길을 따라서 차량 등을 운전하여 다니는 것. → _____
(3) 어떤 일이 진행되는 과정에서 악화된 상황. 또는 위험한 시기. → _____

50일차 연습 ①

결과 ○ 24개 이상 ▲ ○ 23개 이하 ▼

이렇게 하세요. 연습 2로 응! 다시 한번 암기~!

쓰면서 외워 봅시다. 외운 단어에는 ○ 해 보세요.

번호	한국어	의미	연습하기
①	의심 명		의심
2	의외 명		
3	의욕 명		
4	의존하다 동		
5	의지¹ 명		
6	의지² 명		
7	이기적 명		
8	이내 명		
9	이념 명		
10	이론 명		
11	이롭다 형		
12	이르다 동		
13	이민 명		
14	이별 명		
15	이상적 명		
16	이성² 명		
17	이왕 부		
18	이익 명		
19	익다 형		
20	익히다² 동		
21	인간성 명		
22	인격 명		
23	인력 명		
24	인상² 명		
25	인식 명		
26	인연 명		
27	인재 명		
28	인정 명		
29	인하 명		
30	일교차 명		

50일차 연습 2

1. 다음 그림과 관계있는 말을 연결하세요.

(1)  •   • ① 이민을 와요.

(2)  •   • ② 이별을 해요.

(3)  •   • ③ 일교차가 커요.

2. 다음 그림을 보고 문장을 완성하세요.

(1)  밤 12시에 _____ (-아/어서) 집에 도착했어요.

(2)  회는 생선을 _____ (-지 않고) 먹는 음식이에요.

(3) 내년부터 담배 값을 _____ (-다고 합니다).

3. 다음 (   ) 안에 가장 알맞은 단어를 고르세요.

(1) 지금 출발하면 30분 (   )로/으로 도착할 테니까 조금만 기다려요.

① 이내　　② 이상　　③ 이성　　④ 이자

(2) 열심히 공부해서 당연히 합격할 줄 알았는데 (   )로 떨어졌다.

① 의무　　② 의사　　③ 의외　　④ 인하

(3) 수많은 사람 중에 당신을 만났다는 건 우리가 (   )이 있다는 거야.

① 이념　　② 이민　　③ 인간　　④ 인연

(4) 말과 글은 곧 그 사람의 (   )을 나타내므로 신중하게 써야 한다.

① 유혹　　② 의욕　　③ 이별　　④ 인격

(5) 교사로서 아이들에게 역사에 대한 올바른 (   )을 심어줘야 한다.

① 의존　　② 인상　　③ 인식　　④ 인정

(6) 우리나라는 자원이 부족하므로 (   )을 양성하는 데 많은 힘을 쏟고 있다.

① 유산　　② 이론　　③ 이익　　④ 인력

(7) 그 교수님은 대학에서 우수한 (   )을/를 수없이 길러 냈다.

① 의식　　② 의지　　③ 인재　　④ 일교차

4. 다음 나열된 두 단어가 서로 어울리지 <u>않는</u> 것을 고르세요.

(1)
① 의심 – 하다 ② 의외 – 하다
③ 이별 – 하다 ④ 인정 – 하다

(2)
① 이민 – 보다 ② 이성 – 잃다
③ 이익 – 얻다 ④ 인연 – 끊다

5. 다음 밑줄 친 부분과 비슷한 의미의 단어를 고르세요.

(1)
나는 성인이 된 후에는 부모에게 <u>의존하지</u> 않고 자립해서 살아가고 있다.

① 의심하지 ② 의지하지 ③ 이별하지 ④ 인식하지

(2)
나는 다른 사람을 배려하지 않고 <u>자기의 이익만을 찾는</u> 사람이 싫다.

① 의욕적인 ② 이기적인 ③ 이론적인 ④ 이상적인

6. 다음 (   ) 안에 공통적으로 들어갈 단어를 고르세요.

(1)
우리 남편은 올해 담배를 끊겠다는 강한 (   )을/를 보였다.
나는 이성적으로 생각하고 행동하는 형에게 (   )을/를 많이 한다.

① 의지 ② 인식 ③ 인연 ④ 인정

(2)
오래 끓였더니 감자하고 고기가 푹 (   ).
처음에는 익숙하지 않아서 힘들겠지만 하다 보면 손에 (   ).

① 익다 ② 익히다 ③ 의존하다 ④ 의지하다

(3)
나는 집 앞에 (   ) 비로소 마음이 편안해지는 것을 느꼈다.
나는 보통 때보다 더 (   ) 회사에 도착했다.

① 외치다 ② 우기다 ③ 이롭다 ④ 이르다

7. 다음 밑줄 친 부분과 반대되는 의미의 단어를 고르세요.

(1) 인터넷 게임은 정신 건강에 <u>해로우니까</u> 너무 오래 하지 않는 게 좋겠어.

① 익다 ② 두렵다 ③ 아깝다 ④ 이롭다

(2) 그 사람은 그 일을 자기가 하지 않았다고 끝까지 <u>부인했다</u>.

① 이르다 ② 의존하다 ③ 의심하다 ④ 인정하다

(3) 정부는 다음 달부터 공공요금을 <u>인상하기로</u> 결정했다.

① 의지하다 ② 이별하다 ③ 인식하다 ④ 인하하다

8. 다음 ( ) 안에 가장 알맞은 단어를 보기 에서 고르세요.

| 보기 | 의심 | 의욕 | 이왕 | 이익 |

(1) (　　　) 일을 시작했으니 끝까지 포기하지 말고 해 봅시다.
(2) 그 친구는 남에게 많이 속았는지 (　　　)이 정말 많은 것 같다.
(3) 그는 사업에 실패한 후 모든 (　　　)을 잃고 매일 술만 마시고 있다.
(4) 이기적이라는 말은 자기 자신의 (　　　)만을 위해 행동한다는 뜻이다.

9. 다음이 설명하고 있는 어휘는 무엇입니까? 맞는 단어를 보기 에서 고르세요.

| 보기 | 이상적 | 인간성 | 일교차 |

(1) 하루 동안에 기온, 습도 등이 변화하는 차이.　→ _____
(2) 사람의 타고난 본질이나 속성, 사람의 됨됨이.　→ _____
(3) 생각할 수 있는 범위 안에서 가장 완전하다고 생각되는 것.　→ _____

51일차 연습 ①

결과 ○ 24개 이상 ▲ 이렇게 하세요. 연습 2로 응! ○ 23개 이하 ▼ 다시 한번 암기~!

쓰면서 외워 봅시다. 외운 단어에는 ○ 해 보세요.

번호	한국어	의미	연습하기
①	일생 [명]		일생
2	일시불 [명]		
3	일쑤 [명]		
4	일으키다 [동]		
5	일일이 [부]		
6	일치 [명]		
7	일회용 [명]		
8	읽히다[1] [동]		
9	읽히다[2] [동]		
10	임시 [명]		
11	입장 [명]		
12	입히다 [동]		
13	잇따르다 [동]		
14	자극 [명]		
15	자라나다 [동]		
16	자랑스럽다 [형]		
17	자막 [명]		
18	자본 [명]		
19	자부심 [명]		
20	자세 [명]		
21	자신감 [명]		
22	자연스럽다 [형]		
23	자연환경 [명]		
24	자원 [명]		
25	자존심 [명]		
26	작동 [명]		
27	작용 [명]		
28	작전 [명]		
29	잔뜩 [부]		
30	잔소리 [명]		

51일차 연습 2

1. 다음 그림과 관계있는 말을 연결하세요.

(1)  • • ① 자막

(2)  • • ② 일회용

(3)  • • ③ 자연환경

2. 다음 그림을 보고 문장을 완성하세요.

(1) 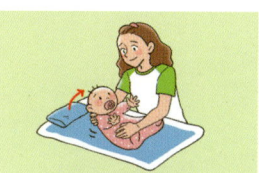 엄마가 아이를 _____ (-고 있어요).

(2)  엄마가 아이에게 옷을 _____ (-고 있어요).

(3)  엄마가 아이에게 책을 _____ (-고 있어요).

TOPIK II

3. 다음 ( ) 안에 가장 알맞은 단어를 고르세요.

(1) 여러분들은 ( )을 바쳐서 이루고 싶은 꿈이 있으신가요?

① 일생　② 입장　③ 자랑　④ 자원

(2) 남편은 퇴직금을 ( )으로 작은 카페를 하기로 했다.

① 자극　② 자동　③ 자막　④ 자본

(3) 엘리베이터가 ( )이 되지 않아서 계단을 이용해야 한다.

① 자연　② 작동　③ 작용　④ 작전

(4) 할부가 되지 않는다고 해서 ( )으로/로 계산했어요.

① 일치　② 임시　③ 일시불　④ 일회용

(5) 요즘 엄마의 ( )이/가 하도 심해서 집에 들어가고 싶지 않아요.

① 자부심　② 자신감　③ 자존심　④ 잔소리

(6) 요즘 젊은 세대에게 가장 많이 ( ) 책이 뭐예요?

① 읽히는　② 입히는　③ 일으키는　④ 잇따르는

(7) 외국어를 배울 때 ( ) 발음하려면 많이 듣고 따라 읽어야 해요.

① 대견스럽게　② 사랑스럽게　③ 자랑스럽게　④ 자연스럽게

4. 다음 밑줄 친 부분과 비슷한 의미를 고르세요.

   (1) 자신의 <u>생각</u>만 주장하고 다른 사람의 의견을 무시하는 태도는 바람직하지 못하다.

   ① 일생　　② 입장　　③ 자세　　④ 자신감

   (2) 신중하게 결정하지 않으면 찾아온 기회를 놓치기 <u>일쑤이다</u>.

   ① 쉽다　　② 적다　　③ 어렵다　　④ 힘들다

5. 다음 단어 중에서 보기의 단어와 관계가 <u>없는</u> 것을 고르세요.

   (1) **보기**　자극

   ① 되다　　② 들다　　③ 받다　　④ 주다

   (2) **보기**　작전

   ① 주다　　② 짜다　　③ 세우다　　④ 펼치다

   (3) **보기**　잔소리

   ① 놓다　　② 듣다　　③ 하다　　④ 늘어놓다

6. 다음 (　　) 안에 가장 알맞은 단어를 보기에서 고르세요.

   보기　잔뜩　　일일이

   (1) 선생님께서는 화가 (　　) 난 표정으로 교실에 들어오셨다.
   (2) 그녀는 동창들에게 (　　) 전화를 해서 동창회 모임 날짜를 알렸다.

7. 다음 단어와 관계가 있는 동사를 보기 에서 고르세요.

| 보기 | 일으키다 | 잇따르다 | 자라나다 |

(1) 몸   오해   문제   → _____
(2) 나무   아이   동물   → _____
(3) 계속   이어서 끊임없이 → _____

8. 다음 문장에 알맞은 단어를 (   ) 안에서 골라 ○ 하세요.

(1) 성인이 된 아들이 올바르게 자라서 (자랑스럽다, 자연스럽다).
(2) 아르바이트는 취직하기 전까지만 (일치, 임시)로 하려고 해요.
(3) 그는 자신의 일을 아주 좋아하고 일에 대한 (자부심, 자존심)이 강해요.
(4) 물은 몸을 깨끗하게 하는 (작동, 작용)을 하므로 충분히 마시는 것이 좋다.

9. 다음 (   ) 안에 알맞은 단어를 보기 에서 골라서 문장을 완성하세요.

| 보기 | 자신감 | 자존심 |

자신이 할 수 있다고 믿는 것은 (   )이라고 합니다. 이러한 태도는 다른 사람들에게 믿음을 줍니다. 그러나 다른 사람에게 굽히지 않고 자신의 품위를 지키려는 마음은 (   )입니다. 그래서 이것이 높은 사람들은 다른 사람에게 부탁하는 것이 (   ) 상하는 일이라고 생각하는 경우가 많아서 부탁을 하는 경우가 별로 없습니다.

52일차 연습 ①

쓰면서 외워 봅시다. 외운 단어에는 ◯ 해 보세요.

번호	한국어	의미	연습하기
①	잠기다² 동		잠기다
2	잡아당기다 동		
3	장난 명		
4	장사 명		
5	장애 명		
6	재능 명		
7	재산 명		
8	재우다 동		
9	재주 명		
10	재판 명		
11	재활용품 명		
12	저장 명		
13	저절로 부		
14	저지르다 동		
15	적성 명		
16	적용 명		
17	적자 명		
18	적절하다 형		
19	전개 명		
20	절망 명		
21	절차 명		
22	점검 명		
23	점잖다 형		
24	접근 명		
25	접속 명		
26	접어들다 동		
27	접촉 명		
28	접하다 동		
29	정기 명		
30	정면 명		

52일차 쏙쏙 어휘왕 연습 2

1. 다음 그림과 관계있는 말을 연결하세요.

(1)  • • ① 정면

(2) 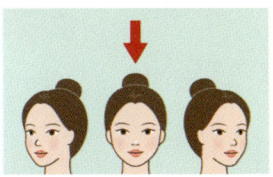 • • ② 재판

(3)  • • ③ 재활용품

2. 다음 그림을 보고 문장을 완성하세요.

(1)  집이 물에 _____ (-았/었어요).

(2)  아이가 문을 _____ (-았/었어요).

(3)  엄마가 아이를 _____ (-았/었어요).

3. 다음 (   ) 안에 가장 알맞은 단어를 고르세요.

(1) 또래에 비해 말이 늦다면 의사소통 (   )를 의심할 수 있다.

① 자세　② 장사　③ 장애　④ 재주

(2) 예술 분야에서 성공하려면 노력도 필요하지만 (   )도 중요하다.

① 자원　② 작전　③ 재능　④ 재산

(3) 힘없고 가난한 서민들도 법 앞에서 공정한 (   )을 받을 수 있어야 한다.

① 작동　② 장난　③ 재판　④ 저장

(4) 공장은 정기적인 안전 (   )을 통해 사고 예방에 노력을 기울이고 있다.

① 적성　② 적용　③ 절망　④ 점검

(5) 장사를 시작한 후 (   )만 나서 어떻게 살아야 할지 모르겠다.

① 적자　② 전개　③ 절차　④ 정기

(6) 살짝만 닿아도 추행이 될 수 있으니 불필요한 (   )을 해서는 안 됩니다.

① 접근　② 접속　③ 접촉　④ 정면

(7) 가을로 (   ) 날씨도 제법 쌀쌀해졌어요.

① 접하면서　② 저지르면서　③ 접어들면서　④ 잡아당기면서

4. 다음 두 단어의 관계가 나머지 셋과 <u>다른</u> 것을 고르세요.

(1)
① 장애 – 방해 ② 재능 – 능력
③ 적자 – 흑자 ④ 적절하다 – 알맞다

(2)
① 절차 – 순서 ② 정기 – 임시
③ 접어들다 – 들어서다 ④ 잡아당기다 – 끌어당기다

5. 다음 단어 중에서 보기 의 단어와 관계가 <u>없는</u> 것을 고르세요.

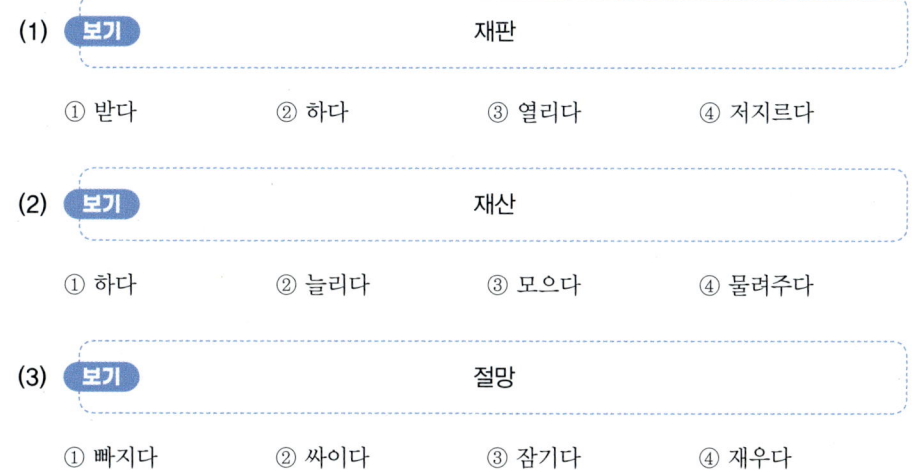

(1) 보기   재판
① 받다   ② 하다   ③ 열리다   ④ 저지르다

(2) 보기   재산
① 하다   ② 늘리다   ③ 모으다   ④ 물려주다

(3) 보기   절망
① 빠지다   ② 싸이다   ③ 잠기다   ④ 재우다

6. 다음 (   ) 안에 가장 알맞은 단어를 보기 에서 고르세요.

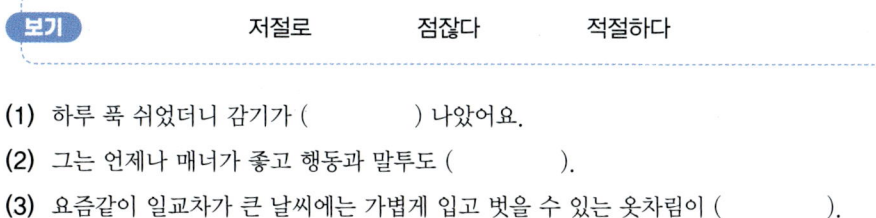

보기   저절로   점잖다   적절하다

(1) 하루 푹 쉬었더니 감기가 (   ) 나았어요.
(2) 그는 언제나 매너가 좋고 행동과 말투도 (   ).
(3) 요즘같이 일교차가 큰 날씨에는 가볍게 입고 벗을 수 있는 옷차림이 (   ).

7. 다음 문장에 알맞은 단어를 (   ) 안에서 골라 ○ 하세요.

(1) 어머니는 수술한 이후 6개월에 한 번씩 (정기, 정면) 검사를 받고 있다.
(2) 작업 도중에 컴퓨터가 갑자기 꺼져 버려서 (장애, 저장)도 하지 못했어요.
(3) 이혼을 하려고 하는데 (전개, 절차)가 복잡해서 시간이 오래 걸릴 것 같아요.
(4) 저는 지금 (재주, 적성)에 맞는 일을 하고 있어서 매우 재미있고 보람이 있어요.

8. 다음 단어와 관계가 있는 동사를 보기 에서 고르세요.

보기	접하다	저지르다	접어들다

(1)	소식	정보	문화	→ _____
(2)	시기	시대	장소	→ _____
(3)	잘못	일	범죄	→ _____

9. 이것은 무엇입니까? 다음을 읽고 내용에 맞는 단어를 보기 에서 고르세요.

보기	적용	접근	접속

(1) 서로 연결하는 것을 말합니다.
　　이것은 (　　　　)입니다.

(2) 가까이 다가가는 것을 말합니다.
　　이것은 (　　　　)입니다.

(3) 알맞게 이용하거나 맞추어 쓰는 것을 말합니다.
　　이것은 (　　　　)입니다.

53일차 연습 ①

결과 ○ 24개 이상 ▲ ○ 23개 이하 ▼

쓰면서 외워 봅시다. 외운 단어에는 ○ 해 보세요.

번호	한국어	의미	연습하기
①	정상 명		정상
2	정성 명		
3	정의 명		
4	정지 명		
5	정직 명		
6	정착 명		
7	정책 명		
8	제거 명		
9	제도 명		
10	제법 부		
11	제시하다 동		
12	제외하다 동		
13	제자리 명		
14	제작 명		
15	제한 명		
16	조르다 동		
17	조명 명		
18	조작 명		
19	조절 명		
20	조정 명		
21	조화 명		
22	존재 명		
23	존중 명		
24	좀처럼 부		
25	좁히다 동		
26	종종 부		
27	주장 명		
28	주저앉다 동		
29	줄거리 명		
30	줄곧 부		

53일차 연습 2

1. 다음 그림과 관계있는 말을 연결하세요.

(1)  • • ① 조명

(2) 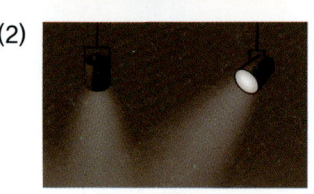 • • ② 조절

(3)  • • ③ 정지

2. 다음 그림을 보고 문장을 완성하세요.

(1) 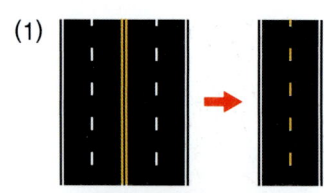 도로를 _____ (-고) 보도를 넓혔어요.

(2)  여자가 바닥에 _____ (-아/어 있어요).

(3)  아이가 엄마에게 _____ (-고 있어요).

3. 다음 (   ) 안에 가장 알맞은 단어를 고르세요.

(1) 아이들은 반려동물을 키우며 생명 (   )와/과 배려를 배울 수 있다.

① 장난   ② 조화   ③ 존재   ④ 존중

(2) 대부분 관광지는 추석 명절 기간에도 (   ) 운영됩니다.

① 정상   ② 정성   ③ 정직   ④ 정착

(3) 아무리 좋은 (   )라도 실행하지 않으면 없는 것이나 마찬가지이다.

① 정의   ② 정지   ③ 제거   ④ 제도

(4) 회사가 어려워서 구조 (   )을 하기로 했습니다.

① 정책   ② 조명   ③ 조절   ④ 조정

(5) 이 선수는 승부 (   )에 가담해 축구계에서 퇴출을 당했다.

① 제작   ② 제한   ③ 조작   ④ 주장

(6) 미술에 대해 잘 몰라서 작품을 봐도 (   ) 이해하기가 힘들다.

① 제법   ② 줄곧   ③ 저절로   ④ 좀처럼

(7) 부엌에서 나는 음식 냄새를 (   ) 양초를 켜 두는 것도 도움이 된다.

① 제거하려면   ② 제시되려면   ③ 제외하려면   ④ 제한하려면

53일차

4. 다음 ( ) 안에 공통적으로 들어갈 단어를 고르세요.

(1)
> 선수들의 훈련 과정에는 체중 (   )도 포함된다.
> 감정 (   )이/가 잘 되지 않아서 사회생활을 하기가 힘들어요.

① 조작　　② 조정　　③ 조절　　④ 조화

(2)
> 친구들은 모두 잘나가는데 저만 (   )인 것 같아 속상해요.
> 영화 상영 중에는 조명이 꺼져 있어서 (   )를 찾기 힘들다.

① 정지　　② 존재　　③ 제자리　　④ 줄거리

5. 다음 단어와 관계가 있는 동사를 보기 에서 고르세요.

| 보기 | 좁히다　　제시하다　　주저앉다 |

(1)　길　　바닥　　의자　　→ _____
(2)　거리　　관계　　도로　　→ _____
(3)　대안　　의견　　해결책　　→ _____

6. 다음 단어 중에서 보기 의 단어와 관계가 없는 것을 고르세요.

(1) 보기　　정책

① 펴다　　② 세우다　　③ 좁히다　　④ 펼치다

(2) 보기　　정성

① 담기다　　② 들이다　　③ 모으다　　④ 조르다

(3) 보기　　주장

① 굽히다　　② 열리다　　③ 펼치다　　④ 앞세우다

7. 다음 (　　) 안에 가장 알맞은 단어를 보기 에서 고르세요.

> 보기　　　　제법　　　종종　　　줄곧

(1) 저는 시간이 날 때마다 (　　　) 이곳에 들러서 쉬곤 해요.
(2) 어린아이가 이렇게 어려운 문제를 풀다니 (　　　) 똑똑하네요!
(3) 그는 오늘 아무것도 하지 않은 채 하루 종일 (　　　) 창밖만 보고 있다.

8. 이것은 무엇입니까? 다음을 읽고 내용에 맞는 단어를 보기 에서 고르세요.

> 보기　　　정의　　　정직　　　정착　　　존재

(1) 단어나 사물의 뜻을 말합니다.
　　이것은 (　　　)입니다.

(2) 사람이나 사물이 실제로 현실에 있음을 말합니다.
　　이것은 (　　　)입니다.

(3) 거짓이나 꾸밈이 없이 바르고 곧은 마음을 말합니다.
　　이것은 (　　　)입니다.

(4) 사람이 한곳에 자리를 정해서 머물러 사는 것을 말합니다.
　　이것은 (　　　)입니다.

9. 다음 (　　) 안에 알맞은 단어를 보기 에서 골라서 문장을 완성하세요.

> 보기　　　제작　　　조화　　　줄거리

한국 드라마 '오징어 게임'은 현대 사회에서 소외된 다양한 인간들 간의 (　　　)와/과 갈등 관계를 게임을 통해 현실감 있게 풀어냈다는 호평을 받았다. 드라마는 세계적으로 인기를 끌면서 시즌2 (　　　)까지 결정되었고, 팬들은 시즌1에서 시즌2로 이어질 (　　　)을/를 예상하면서 기대감을 키우고 있다.

54일차 연습

 결과 ○ 24개 이상 ▲ ○ 23개 이하 ▼
이렇게 하세요. 연습 2로 응이! 다시 한번 암기~!

쓰면서 외워 봅시다. 외운 단어에는 ○ 해 보세요.

번호	한국어	의미	연습하기
①	줄어들다 [동]		줄어들다
2	중독 [명]		
3	중얼거리다 [동]		
4	쥐다 [동]		
5	증거 [명]		
6	증명 [명]		
7	지겹다 [형]		
8	지금껏 [부]		
9	지급 [명]		
10	지능 [명]		
11	지다² [동]		
12	지름길 [명]		
13	지불 [명]		
14	지시 [명]		
15	지식 [명]		
16	지원² [명]		
17	지위 [명]		
18	지적 [명]		
19	지출 [명]		
20	지치다 [동]		
21	지켜보다 [동]		
22	지혜 [명]		
23	진단 [명]		
24	진동 [명]		
25	진로 [명]		
26	진리 [명]		
27	진술 [명]		
28	진실 [명]		
29	진정하다 [형]		
30	진지하다 [형]		

54일차 연습 2

1. 다음 그림과 관계있는 말을 연결하세요.

(1)  •   • ① 지다

(2)  •   • ② 지치다

(3) 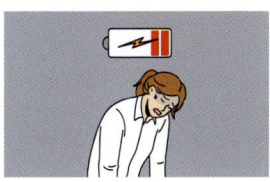 •   • ③ 쥐다

2. 다음 그림을 보고 문장을 완성하세요.

(1)  관중들이 경기를 _____ (-고 있어요).

(2)  최근 들어 출산율이 _____ (-고 있어요).

(3)  배우가 대사를 _____ (-고 있어요).

3. 다음 ( ) 안에 가장 알맞은 단어를 고르세요.

(1) 제가 기르는 강아지는 성질이 순할 뿐만 아니라 ( )도 높아요.

① 지급　　② 지능　　③ 지식　　④ 진리

(2) 이번 감사에서 불필요한 곳에 세금을 낭비하고 있다는 ( )을 받았다.

① 지불　　② 지원　　③ 지적　　④ 지출

(3) 꿈을 찾고 싶다면 자신의 ( )를 찾기 위한 적성 검사를 해 보는 게 좋다.

① 지시　　② 지위　　③ 지혜　　④ 진로

(4) 인근 주민들이 공사장에서 ( )이 울린다며 불편을 호소하고 있다.

① 진단　　② 진동　　③ 진술　　④ 진실

(5) 하루 종일 서서 일하느라 너무 ( ) 손가락 하나 움직일 힘이 없다.

① 져서　　② 지쳐서　　③ 지켜봐서　　④ 진지해서

(6) 나는 그와의 만남을 통해 ( ) 사랑의 의미를 깨닫게 됐다.

① 지겨운　　② 지루한　　③ 지원한　　④ 진정한

(7) 그는 친구의 무죄를 ( ) 위해 증인으로 나섰다.

① 증명하기　　② 지급하기　　③ 지불하기　　④ 중얼거리기

4. 다음 (   ) 안에 공통적으로 들어갈 단어를 고르세요.

(1)
> 부모님은 내가 성공하도록 물질적, 정신적으로 (   )을 아끼지 않았다.
> 정부 (   )을 받고 창업한 가게들은 (   )이 끊기면 보통 폐업한다.

① 지식　　　② 지원　　　③ 지적　　　④ 지출

(2)
> 저 때문에 이렇게 되었으니 제가 책임을 (   ) 회사를 떠나겠습니다.
> 빚을 (   ) 집을 사느니 차라리 안 사는 게 낫다.

① 쥐다　　　② 지다　　　③ 지치다　　　④ 지켜보다

5. 다음 (   ) 안에 가장 알맞은 단어를 보기 에서 골라서 문장을 완성하세요.

> 보기　　　지겹다　　　진정하다　　　진지하다

(1) 그는 매사에 (   ) 성실해서 사람들에게 신뢰를 준다.
(2) 20년 동안 매일 똑같이 단순한 일을 반복하다 보니 일이 (   ) 죽겠다.
(3) (   ) 우정을 나눌 수 있는 친구가 한 명만 있어도 행복하다고 생각해요.

6. 다음 단어 중에서 보기 의 단어와 관계가 없는 것을 고르세요.

(1) 보기　　　지시

① 받다　　　② 얻다　　　③ 내리다　　　④ 따르다

(2) 보기　　　지식

① 쌓다　　　② 얻다　　　③ 하다　　　④ 갖추다

(3) 보기　　　진실

① 감추다　　　② 밝히다　　　③ 알리다　　　④ 지치다

54일차

7. 다음 단어를 보고 연상되는 단어를 «보기»에서 고르세요.

보기	중독	증거	지식

(1) 책   전문   공부   → _____
(2) 경찰   범인   재판   → _____
(3) 게임   마약   알코올   → _____

8. 이것은 무엇입니까? 다음을 읽고 내용에 맞는 단어를 «보기»에서 고르세요.

보기	지혜	진단	진리	진술

(1) 참된 이치를 말합니다.
    이것은 (   )입니다.

(2) 의사가 환자의 병 상태를 판단하는 일을 말합니다.
    이것은 (   )입니다.

(3) 일이나 상황에 대하여 자세하게 이야기하는 것이나 그 이야기 자체를 말합니다.
    이것은 (   )입니다.

(4) 삶의 이치를 빨리 깨닫고 옳고 그름을 정확하게 처리하는 정신적 능력을 말합니다.
    이것은 (   )입니다.

9. 다음 (   ) 안에 알맞은 단어를 «보기»에서 골라서 문장을 완성하세요.

보기	지위	지름길	지금껏

'(   )을/를 두고 돌아서 걸었다'라는 제목의 책이 출간되었다. 작가는 직장 생활을 하는 20년 동안 동료보다 높은 (   )에 오르려고 제대로 쉰 적 없이 일했지만 결국 정리 해고를 당했다. 그 후 작가는 배낭을 짊어지고 도보 여행을 떠났다. 도보 여행을 통해 작가는 삶의 여유와 행복을 느꼈다며 (   ) 빨리 성공하기만을 위해 달려왔는데 천천히 주변을 돌아보면서 살아갈 것이라 말했다.

55일차 연습 ①

결과 ○ 24개 이상 ▲ ○ 23개 이하 ▼

쓰면서 외워 봅시다. 외운 단어에는 ○ 해 보세요.

번호	한국어	의미	연습하기
①	진출 명		진출
2	질병 명		
3	질서 명		
4	질투 명		
5	짐작 명		
6	집단 명		
7	집어넣다 동		
8	짖다 동		
9	짙다 형		
10	짚다 동		
11	쫓겨나다 동		
12	쫓기다 동		
13	쫓다 동		
14	찌푸리다 동		
15	찍히다 동		
16	찡그리다 동		
17	차라리 부		
18	차마 부		
19	차별 명		
20	차원 명		
21	차츰 부		
22	착각 명		
23	참여 명		
24	참조하다 동		
25	창작 명		
26	창조 동		
27	찾아뵙다 동		
28	책임 명		
29	처리 명		
30	처벌 명		

연습 2

1. 다음 그림과 관계있는 말을 연결하세요.

(1)    •   • ① 짖다

(2) 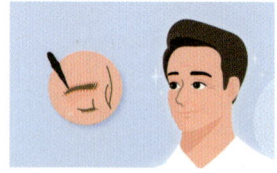   •   • ② 짚다

(3)    •   • ③ 짙다

2. 다음 그림을 보고 문장을 완성하세요.

(1)

금방이라도 소나기가 내릴 것처럼 하늘이 잔뜩 _____ (아/어 있어요).

(2)

아이가 저금통에 동전을 _____ (-았/었어요).

(3)

양이 늑대에게 _____ (-고 있어요).

3. 다음 ( ) 안에 가장 알맞은 단어를 고르세요.

(1) 지금까지 봤던 것과 (　　　)이 다른 차가 등장해서 눈길을 끌었다.

① 지원　　② 차원　　③ 창작　　④ 책임

(2) 사람들이 자신의 마음을 잘 안다고 생각하는 것은 (　　　)이다.

① 지출　　② 착각　　③ 참여　　④ 처리

(3) 면역력을 키우면 각종 (　　　)을 예방하고 치료하는 데 효과적입니다.

① 진출　　② 질병　　③ 짐작　　④ 집단

(4) 우리 학교에서는 (　　　) 없이 평등한 교육의 기회를 제공하고 있습니다.

① 질서　　② 질투　　③ 차별　　④ 처벌

(5) 이 영화는 경찰이 범인을 (　　　) 추격전에서 긴장감을 느낄 수 있다.

① 짖고　　② 짚고　　③ 쫓는　　④ 쫓겨나고

(6) 예술가는 누구나 모방에서 출발해 새로운 것을 (　　　).

① 찡그리다　　② 착각한다　　③ 참여한다　　④ 창조한다

(7) 그동안 성원에 감사드립니다. 저희 가게는 다음 달에 새로운 모습으로 (　　　).

① 쫓겠습니다　　② 참조하겠습니다　　③ 창조하겠습니다　　④ 찾아뵙겠습니다

4. 다음 문장에 밑줄 친 동사가 어울리면 ○, 어울리지 않으면 ×를 고르세요.

(1) 아이가 집에서 <u>쫓겨났어요</u>. (○ | ×)
(2) 얼굴을 <u>찌푸리면</u> 눈과 이마에 주름이 생기기 쉽다. (○ | ×)
(3) 이 영화는 인류를 <u>창작한</u> 신화에 대한 내용을 다루었다. (○ | ×)
(4) 요리를 하다가 칼에 손등이 <u>찍혀서</u> 응급실에 실려 갔어요. (○ | ×)

5. 다음 (   ) 안에 공통적으로 들어갈 단어를 고르세요.

(1)
> 최근 (   ) 감염의 위험성이 증가하고 있기 때문에 모임 인원을 제한했다.
> 학교는 친구들로부터 (   ) 따돌림을 당한 피해 학생에게 관심을 가져야 한다.

① 질병　　② 집단　　③ 책임　　④ 처벌

(2)
> 그녀는 일 (   )가 꼼꼼하고 빈틈이 없다.
> 쓰레기 (   )는 어떻게 하면 돼요?

① 질서　　② 참여　　③ 창조　　④ 처리

6. 다음 단어 중에서 보기 의 단어와 관계가 <u>없는</u> 것을 고르세요.

(1) 보기　　짐작

① 가다　　② 되다　　③ 들다　　④ 오다

(2) 보기　　차별

① 받다　　② 주다　　③ 하다　　④ 당하다

(3) 보기　　착각

① 두다　　② 들다　　③ 빠지다　　④ 일으키다

7. 다음 단어를 보고 연상되는 단어를 보기에서 고르세요.

| 보기 | 진출 | 짐작 | 참여 |

(1) 예상   예측   추측   → _____
(2) 사회   해외   연예계 → _____
(3) 행사   축제   이벤트 → _____

8. 다음 ( ) 안에 가장 알맞은 단어를 보기에서 고르세요.

| 보기 | 차마 | 차츰 | 차라리 |

(1) 이렇게 매일 싸울 바에야 (   ) 헤어지는 것이 낫겠어.
(2) 나는 부모님께 이혼했다는 사실을 (   ) 말할 수가 없었다.
(3) 저는 독립한 지 이제 한 달이 지났는데 (   ) 익숙해지고 있어요.

9. 이것은 무엇입니까? 다음을 읽고 내용에 맞는 단어를 보기에서 고르세요.

| 보기 | 질서 | 질투 | 창작 | 처벌 |

(1) 예술 작품을 독창적으로 만들어 내는 것을 말합니다.
　　이것은 (   )입니다.

(2) 죄나 잘못이 있는 사람에게 벌을 주는 것을 말합니다.
　　이것은 (   )입니다.

(3) 다른 사람을 시기하거나 미워하며 싫어하는 것을 말합니다.
　　이것은 (   )입니다.

(4) 혼란이 생기지 않도록 순조롭게 이루어지게 하는 사물의 순서나 차례를 말합니다.
　　이것은 (   )입니다.

56일차 연습 ①

쓰면서 외워 봅시다. 외운 단어에는 ◯ 해 보세요.

번호	한국어	의미	연습하기
①	처하다 [동]		처하다
2	철 [명]		
3	철저히 [부]		
4	첨부 [명]		
5	청하다 [동]		
6	체계 [명]		
7	체면 [명]		
8	체온 [명]		
9	체중 [명]		
10	초보 [명]		
11	초조하다 [형]		
12	초청 [명]		
13	최대한 [부]		
14	최신 [명]		
15	최종 [명]		
16	최초 [명]		
17	추가 [명]		
18	추위 [명]		
19	추진 [명]		
20	축소하다 [동]		
21	출신 [명]		
22	출연 [명]		
23	출판 [명]		
24	충격 [명]		
25	충고 [명]		
26	충돌 [명]		
27	취재 [명]		
28	침묵 [명]		
29	커다랗다 [형]		
30	쾌적하다 [형]		

56일차 연습 2

1. 다음 그림과 관계있는 말을 연결하세요.

(1)    •   • ① 초조해요.

(2)    •   • ② 커다래요.

(3)    •   • ③ 쾌적해요.

2. 다음 그림을 보고 문장을 완성하세요.

(1)    버스와 택시가 _____ (-아/어서) 사람들이 다쳤어요.

(2)    이것은 건물을 _____ (-아/어서) 만든 거예요.

(3)    이 식당은 사장님이 텔레비전에 _____ (-아/어서) 유명해졌어요.

3. 다음 (   ) 안에 가장 알맞은 단어를 고르세요.

(1) 상견례에서 부모님은 (   )을/를 차리느라 식사도 제대로 못 하셨다.

① 체계　　② 체면　　③ 체온　　④ 체중

(2) 사건에 관련된 모두가 (   )을 지키고 있어서 그날의 진실은 아무도 모른다.

① 초청　　② 충격　　③ 충돌　　④ 침묵

(3) 동문회는 같은 학교 (   ) 사람들이 서로 친목을 도모하는 모임이다.

① 최신　　② 최종　　③ 출신　　④ 출연

(4) 부모로서 아이가 가진 능력을 (   ) 발휘할 수 있도록 도움을 주고 싶다.

① 차라리　　② 최대한　　③ 최초로　　④ 추가로

(5) 이번 일은 실수하면 절대 안 되므로 (   ) 계획을 세워야 한다.

① 철저한　　② 초조한　　③ 커다란　　④ 쾌적한

(6) 나는 기자로서 사건이 발생하면 사건에 관련된 사람들을 (   ) 일을 한다.

① 출판하는　　② 충고하는　　③ 취재하는　　④ 침묵하는

(7) 그 사람은 제출하는 서류에 자격증 사본까지 (   ) 제출했다.

① 첨부해서　　② 축소해서　　③ 취재해서　　④ 침묵해서

4. 다음 단어를 보고 연상되는 단어를 보기 에서 고르세요.

> 보기   최신   최종   출연

(1) 목표   단계   심사   → _____
(2) 정보   기술   유행   → _____
(3) 라디오   텔레비전   인터넷 방송 → _____

5. 다음 문장에 알맞은 단어를 (   ) 안에서 골라 ○ 하세요.

(1) 열이 나서 (체온, 체중)을 재 보니 꽤 높아서 해열제를 먹었다.
(2) 그 사람은 여성으로서 (최신, 최초)으로/로 달에 착륙한 우주인이다.
(3) 이 작품을 영화로 만들면서 기존에 없던 장면이 (첨부, 추가)되었다.
(4) 이 물건은 너무 강한 (충격, 충돌)을 주면 부서질 수 있으니 주의하세요.
(5) 그렇게 (철없던, 철들었던) 자식이 결혼을 하더니 이제 어른이 된 것 같아요.

6. 다음 밑줄 친 부분과 비슷한 의미의 단어를 고르세요.

(1)
> 나는 친구에게 그곳에 같이 가 달라고 부탁했다.

① 처했다   ② 청했다   ③ 추가했다   ④ 추진했다

(2)
> 면접 순서를 기다리는 마음이 불안하고 조마조마하다.

① 철저하다   ② 초조하다   ③ 커다랗다   ④ 쾌적하다

(3)
> 그렇게 아무 말도 하지 않고 있다가는 더 오해가 더 커질 거예요.

① 첨부하고   ② 충고하고   ③ 취재하고   ④ 침묵하고

(4)
> 우리 과장님은 계획대로 일을 앞으로 밀고 나아가셨다.

① 추가하셨다   ② 추진하셨다   ③ 축소하셨다   ④ 충고하셨다

7. 다음 두 단어의 관계가 나머지 셋과 <u>다른</u> 것을 고르세요.

(1)
① 추가 – 삭제   ② 충고 – 조언
③ 체중 – 몸무게   ④ 초보 – 첫걸음

(2)
① 최초 – 최종   ② 축소 – 확대
③ 최대한 – 최소한   ④ 철저히 – 빈틈없이

8. 다음 (   ) 안에 공통적으로 들어갈 단어를 고르세요.

(1)
예상하지 못한 어려움에 (   ) 도움을 요청하세요.
규칙을 어기면 500만 원 이하의 벌금형에 (   ).

① 처하다   ② 추가하다   ③ 추진하다   ④ 출연하다

(2)
그들은 정부에 지원금을 더 달라고 (   ).
아버지는 새로 이사 온 집으로 손님을 (   ).
밤이 깊어지자 그는 침대에 누워 잠을 (   ).

① 청하다   ② 첨부하다   ③ 초청하다   ④ 취재하다

9. 다음 (   ) 안에 가장 알맞은 단어를 보기 에서 고르세요.

| 보기 | 체계 | 추위 | 축소 | 충고 |

(1) 예산 (   )로 국민 생활을 위한 지원금도 줄어들었다.
(2) 그 회사는 원칙도 (   )도 없이 일을 해서 신뢰가 가지 않는다.
(3) 중요한 결정을 내리기 전에는 다른 사람의 조언이나 (   )를 듣는다.
(4) 이곳에서는 (   )를 견디기 위해 두꺼운 옷을 여러 벌 껴입어야 한다.

57일차 연습 ①

결과 ○ 24개 이상 ▲ ○ 23개 이하 ▼
이렇게 하세요. 연습 2로 승! 다시 한번 암기~!

쓰면서 외워 봅시다. 외운 단어에는 ○ 해 보세요.

번호	한국어	의미	연습하기
①	타고나다 [동]		타고나다
2	타다 [동]		
3	탄생 [명]		
4	탈출 [명]		
5	태우다² [동]		
6	택하다 [동]		
7	터지다 [동]		
8	텅 [부]		
9	토의 [명]		
10	통계 [명]		
11	통과 [명]		
12	통증 [명]		
13	통행 [명]		
14	퇴직 [명]		
15	투자 [명]		
16	투표 [명]		
17	틀림없다 [형]		
18	틈 [명], [의]		
19	파괴 [명]		
20	판단 [명]		
21	판매² [명]		
22	퍼지다 [동]		
23	편견 [명]		
24	편의 [명]		
25	편히 [부]		
26	펼치다 [동]		
27	평균 [명]		
28	평등하다 [형]		
29	평범하다 [형]		
30	평상시 [명]		

57일차 연습 2

1. 다음 그림과 관계있는 말을 연결하세요.

(1) 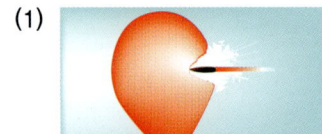 • • ① 탄생했어요.

(2) • • ② 터졌어요.

(3) • • ③ 파괴되었어요.

2. 다음 그림을 보고 문장을 완성하세요.

(1)  고기를 _____ (-아/어서) 탄 부분을 잘라 냈어요.

(2)  우산을 _____ (-아/어서) 두 사람이 같이 썼어요.

(3)  오늘은 _____ (-는) 날이라서 일찍 집을 나왔어요.

3. 다음 ( ) 안에 가장 알맞은 단어를 고르세요.

(1) 백화점에서는 손님들의 (　　　)을/를 위해 휴게실을 층마다 마련해 놓았다.

① 파괴　　② 판매　　③ 편의　　④ 평균

(2) 지난주부터 팔을 올릴 때마다 어깨에 (　　　)이/가 있어서 병원에 갔다.

① 통계　　② 통과　　③ 통증　　④ 통행

(3) 옳고 그름을 객관적으로 (　　　) 위해서는 명확한 근거가 있어야 한다.

① 탈출하기　　② 투자하기　　③ 판단하기　　④ 판매하기

(4) 나는 이 직업을 평생의 직업으로 (　　　) 싶지는 않다.

① 태우고　　② 택하고　　③ 터지고　　④ 퍼지고

(5) 실수로 폭탄이 (　　　) 여러 명의 군인이 다쳤다고 한다.

① 태워서　　② 터져서　　③ 퍼져서　　④ 펼쳐서

(6) 나는 남자와 여자를 차별하지 않고 (　　　) 대해 주는 회사에 다니고 싶다.

① 편리하게　　② 평등하게　　③ 평범하게　　④ 쾌적하게

(7) 그 사람은 새로운 사업에 (　　　) 많은 돈을 벌었다.

① 탄생해서　　② 통과해서　　③ 퇴직해서　　④ 투자해서

(8) 도시 개발로 환경을 오염시킨 결과 생태계가 점점 (　　　) 있다.

① 통과되고　　② 통행되고　　③ 파괴되고　　④ 판단되고

57일차

4. 다음 단어 중에서 보기의 단어와 관계가 없는 것을 고르세요.

(1) 보기   퍼지다

① 소리   ② 소문   ③ 토의   ④ 전염병

(2) 보기   편견

① 가지다   ② 버리다   ③ 빠지다   ④ 시키다

5. 다음 밑줄 친 부분과 비슷한 의미의 단어를 고르세요.

(1) 그 아이는 <u>태어날 때부터 지닌</u> 재능이 많아서 뭐든지 다 잘한다.

① 태운   ② 택한   ③ 터진   ④ 타고난

(2) 이 편지는 글씨를 보니 내 동생이 보낸 것이 <u>100% 정확하다</u>.

① 통통하다   ② 틀림없다   ③ 평등하다   ④ 평범하다

6. 다음 ( ) 안에 공통적으로 들어갈 단어를 고르세요.

(1) 제주도를 여행할 때에는 렌터카를 빌려서 (　　) 다니면 편하다.
말하기 대회에서 우수상을 (　　) 정말 기쁘다.

① 타다   ② 택하다   ③ 터지다   ④ 펼치다

(2) 쓰레기장에서 쓰레기를 (　　) 연기 때문에 대기가 오염된다.
엄마는 아이를 차에 (　　) 천천히 출발했다.

① 버리다   ② 태우다   ③ 택하다   ④ 터지다

7. 다음 밑줄 친 부분과 반대되는 의미의 단어를 고르세요.

(1)
> 엄마는 항상 나에게 눈에 잘 띄는 유별난 행동은 하지 말라고 하셨다.

① 틀림없다　　② 평등하다　　③ 평범하다　　④ 평화롭다

(2)
> 여러 사람이 공동으로 물건을 싼 가격에 구매했다.

① 퇴직하다　　② 파괴하다　　③ 판단하다　　④ 판매하다

8. 다음 (　　) 안에 가장 알맞은 단어를 보기 에서 고르세요.

| 보기 | 텅 | 틈 | 편히 | 평상시 |

(1) 엄마, 그동안 고생 많이 하셨으니까 제가 (　　) 모실게요.
(2) 학생들이 모두 고향으로 돌아가자 기숙사가 (　　) 비었다.
(3) 주말인데도 습관 때문인지 (　　)와/과 똑같이 일찍 일어났다.
(4) 일을 시작한 지 얼마 안 돼서 가족들 얼굴을 볼 (　　)도 없다.

9. 다음이 설명하고 있는 어휘는 무엇입니까? 맞는 단어를 보기 에서 고르세요.

| 보기 | 통계 | 통과 | 편견 | 토의 |

(1) 어떤 문제에 대해서 검토하고 협의함.　　→ ＿＿＿＿
(2) 공정하지 못하고 한쪽으로 기울어진 생각.　　→ ＿＿＿＿
(3) ① 어떤 곳이나 장소를 거쳐서 지나감. ② 기준이나 조건에 맞아서 인정되거나 합격함.
　　→ ＿＿＿＿
(4) 어떤 현상에 대해서 수집된 자료를 정리해서 알아보기 쉽게 일정한 체계에 따라 숫자로 나타낸 것.　　→ ＿＿＿＿

58일차 연습 ①

결과 ○ 24개 이상 ▲ ○ 23개 이하 ▼

쓰면서 외워 봅시다. 외운 단어에는 ○ 해 보세요.

번호	한국어	의미	연습하기
①	평생 명		평생
2	평화 명		
3	폐지 명		
4	포근하다 형		
5	폭넓다 형		
6	폭력 명		
7	폭발 명		
8	폭설 명		
9	표면 명		
10	표준어 명		
11	푸다 동		
12	풀어지다 동		
13	품다 동		
14	풍기다 동		
15	풍부하다 형		
16	풍속 명		
17	필수 명		
18	핑계 명		
19	하도 부		
20	학력 명		
21	학문 명		
22	한결 부		
23	한계 명		
24	한꺼번에 부		
25	한눈 명		
26	한순간 명		
27	한창 부, 명		
28	할부 명		
29	함부로 부		
30	합리적 명		

58일차 연습 2

1. 다음 그림과 관계있는 말을 연결하세요.

(1)  • • ① 포근하다

(2)  • • ② 풍부하다

(3)  • • ③ 평화롭다

2. 다음 그림을 보고 문장을 완성하세요.

(1)    붕대가 _____ (-았/었어요.).

(2)    닭이 알을 _____ (-고 있어요).

(3)    남자가 밥을 _____ (-고 있어요).

3. 다음 ( ) 안에 가장 알맞은 단어를 고르세요.

(1) 그는 말도 안 되는 (   )을/를 대면서 내 눈을 피하기만 했다.

① 평생   ② 평화   ③ 폐지   ④ 핑계

(2) 한파와 (   ) 때문에 채소와 과일 가격이 껑충 올랐다.

① 폭력   ② 폭발   ③ 폭설   ④ 풍속

(3) 스스로 자신의 (   )를 정하지 않고 뛰어넘으려 노력해야 성장할 수 있다.

① 편의   ② 필수   ③ 한계   ④ 표준어

(4) 기혼 여성의 (   )이 높을수록 맞벌이 확률도 높은 것으로 나타났다.

① 평균   ② 학력   ③ 학문   ④ 한순간

(5) (   ) 소비를 위해서는 자신에게 꼭 필요한 물건인지부터 파악해야 한다.

① 한창   ② 할부   ③ 학문적   ④ 합리적

(6) 최근 여러 가지 일이 (   ) 일어나서 견디기가 힘들었다.

① 한결   ② 한눈   ③ 함부로   ④ 한꺼번에

(7) 어디에선가 맛있는 냄새가 솔솔 (   ) 갑자기 배가 고파졌다.

① 퍼서   ② 품어서   ③ 풍겨서   ④ 풀어져서

4. 다음 (   ) 안에 공통적으로 들어갈 단어를 고르세요.

(1)
> 화장품을 얼굴에 바르고 나니 피부 (   )이 빛났다.
> 그녀는 항상 (   )에 드러나는 일만 하기 때문에 너무 얄밉다.

① 폭발　　② 폭력　　③ 표면　　④ 한눈

(2)
> 이 소설은 현대 사회에 나타나는 여러 차별 문제를 (   ) 다루었다.
> 그 사람은 '사람 부자'라는 별명으로 불릴 정도로 인간관계가 (   ).

① 폭넓다　　② 포근하다　　③ 풍부하다　　④ 평화롭다

5. 다음 단어를 보고 연상되는 단어를 보기 에서 고르세요.

보기	폭발	폭력	필수

(1)	사고	가스	감정	→ _____
(2)	언어	가정	학교	→ _____
(3)	조건	과목	사항	→ _____

6. 다음 (   ) 안에 가장 알맞은 단어를 보기 에서 고르세요.

보기	하도	한결	한창	함부로

(1) 다른 사람의 물건에 (   ) 손을 대면 안 된다.
(2) 그 사람이 (   ) 부탁을 해서 거절할 수가 없었다.
(3) 바람을 쐬고 나니 답답했던 기분이 (   ) 좋아졌다.
(4) 가을이 되자 논에는 벼들이 (   ) 익어 가고 있었다.

7. 다음 두 단어의 관계가 어울리지 않는 것을 고르세요.

(1)
① 폐지 – 하다 ② 폭발 – 하다
③ 필수 – 하다 ④ 할부 – 하다

(2)
① 평화 – 평화적 ② 폐지 – 폐지적
③ 폭력 – 폭력적 ④ 필수 – 필수적

8. 이것은 무엇입니까? 다음을 읽고 내용에 맞는 단어를 보기 에서 고르세요.

보기   풍속   학문   표준어

(1) 지식을 배워서 익히는 것 또는 그 지식을 말합니다.
　　이것은 (　　　)입니다.

(2) 한 나라가 언어의 통일을 위하여 표준으로 정한 언어를 말합니다.
　　이것은 (　　　)입니다.

(3) 옛날부터 그 사회에 전해 오는 생활 전반의 습관이나 버릇 등을 말합니다.
　　이것은 (　　　)입니다.

9. 다음 (　　) 안에 알맞은 단어를 보기 에서 골라서 문장을 완성하세요.

보기   평생   한눈   할부   한꺼번에

　백화점에서 구경하다가 (　　　)에 마음에 드는 구두를 발견했다. 너무 비싸서 망설였지만 앞으로 (　　　) 신을 거라고 생각하며 (　　　)으로/로 구매했다. 그리고 구두와 어울리는 가방과 옷도 사서 집으로 돌아왔다. 집에 돌아오고 나서야 계획도 없이 (　　　) 너무 많은 것을 사 버렸다는 생각에 이번 달 생활비가 걱정되기 시작했다.

59일차 연습 ①

결과 ○ 24개 이상 ▲ ○ 23개 이하 ▼

쓰면서 외워 봅시다. 외운 단어에는 ○ 해 보세요.

번호	한국어	의미	연습하기
①	합하다 [동]		합하다
2	항의 [명]		
3	해결책 [명]		
4	해당 [명]		
5	해롭다 [형]		
6	해방 [명]		
7	해석 [명]		
8	해설 [명]		
9	해소 [명]		
10	핵심 [명]		
11	행하다 [동]		
12	향기 [명]		
13	향상 [명]		
14	허가 [명]		
15	허용 [명]		
16	험하다 [형]		
17	헤매다 [동]		
18	헤아리다 [동]		
19	헤엄치다 [동]		
20	현상 [명]		
21	현실 [명]		
22	현장 [명]		
23	협력 [명]		
24	협조 [명]		
25	형성 [명]		
26	형식 [명]		
27	형편 [명]		
28	혜택 [명]		
29	호감 [명]		
30	호기심 [명]		

59일차 연습 2

1. 다음 그림과 관계있는 말을 연결하세요.

(1)  • • ① 해롭다

(2)  • • ② 헤매다

(3)  • • ③ 헤엄치다

2. 다음 그림을 보고 문장을 완성하세요.

(1)  층간소음 때문에 윗집에 _____(을/를) 했어요.

(2)  명상은 스트레스 _____(에) 좋아요.

(3)  꽃 _____(이/가) 좋네요.

3. 다음 (   ) 안에 가장 알맞은 단어를 고르세요.

(1) 나는 희망하던 대학에서 입학 (   )를 받았다.

① 항의   ② 해소   ③ 향기   ④ 허가

(2) 회사에 사표를 내고 나니 일에서 (   )이 된 기분이다.

① 해당   ② 해방   ③ 해석   ④ 해설

(3) 두 나라의 정상은 이번 회담을 통해 평화를 위한 소통과 (   )을 강조했다.

① 현상   ② 현실   ③ 현장   ④ 협력

(4) 지역 축제는 (   )에는 신경을 많이 쓴 듯했지만 내용은 별로 없었다.

① 형성   ② 형식   ③ 형편   ④ 혜택

(5) 시간이 없으니까 너무 길게 말하지 말고 (   )만 간단히 이야기해 주세요.

① 핵심   ② 향상   ③ 호감   ④ 호기심

(6) 나는 손가락을 꼽으며 결혼식이 며칠 남았는지 (   ) 보았다.

① 합해   ② 향해   ③ 헤매   ④ 헤아려

(7) 산속으로 깊이 들어가면 갈수록 길이 좁아지고 (   ) 무섭고 힘들었다.

① 낮아서   ② 쉬워서   ③ 험해서   ④ 해로워서

4. 다음 두 단어의 관계가 어울리지 않는 것을 고르세요.

(1)
① 해당 – 하다　　　② 향기 – 하다
③ 협력 – 하다　　　④ 형성 – 하다

(2)
① 항의 – 되다　　　② 향상 – 되다
③ 해소 – 되다　　　④ 허용 – 되다

5. 다음 (　　) 안에 공통적으로 들어갈 단어를 고르세요.

(1)
(　　　)이 가는 상대에게 마음을 전하고 싶은데 어떻게 해야 할까요?
면접관에게 (　　　)을 사는 행동은 자신감 있는 태도와 밝은 표정이다.

① 호감　　② 해당　　③ 해결책　　④ 호기심

(2)
이곳은 나라의 안녕을 기원하며 제사 의식을 (　　　) 곳이다.
선거는 국민으로서 의무이며 권리를 (　　　) 것이기 때문에 꼭 해야 한다.

① 합하다　　② 행하다　　③ 헤매다　　④ 헤아리다

6. 다음 단어를 보고 연상되는 단어를 보기 에서 고르세요.

| 보기 | 향기 | 향상 | 허가 | 현장 |

(1)	꽃	커피	향수	→ _____
(2)	사건	사고	촬영	→ _____
(3)	실력	수준	기술	→ _____
(4)	입학	운영	시위	→ _____

7. 다음 문장에 알맞은 단어를 ( ) 안에서 골라 ○ 하세요.

(1) 그녀가 보낸 문자를 어떻게 (해석, 해설)해야 할지 모르겠어요.
(2) 저는 (호감, 호기심)이 많아서 새롭고 신기한 것에 관심이 많아요.
(3) 지상 주차 제한에 대해 아파트 입주민들에게 (협력, 협조)을/를 구했다.
(4) 아이의 긍정적 자아 (형성, 형식)을 위해서는 아이를 있는 그대로 받아주는 게 좋다.

8. 다음 ( ) 안에 가장 알맞은 단어를 보기 에서 고르세요.

| 보기 | 현상 | 현실 | 현장 |

(1) 학교에서 연구한 이론을 실제 교육 (   )에 적용해 보려고 한다.
(2) 나는 우리가 어렸을 때부터 꿈꿔온 일이 곧 (   )이 될 것이라 믿는다.
(3) 지구촌 곳곳에서 발생하는 이상 기후 (   )으로/로 물가가 상승하고 있다.

9. 이것은 무엇입니까? 다음을 읽고 내용에 맞는 단어를 보기 에서 고르세요.

| 보기 | 해설 | 허용 | 혜택 |

(1) 허락하여 받아들이는 것을 말합니다.
　　 이것은 (   )입니다.

(2) 사람들에게 주는 도움과 이익을 말합니다.
　　 이것은 (   )입니다.

(3) 어떤 문제나 사건의 내용 등을 알기 쉽게 풀어서 설명한 것을 말합니다.
　　 이것은 (   )입니다.

60일차 연습 ①

결과 ○ 24개 이상 ▲ ○ 23개 이하 ▼

쓰면서 외워 봅시다. 외운 단어에는 ○ 해 보세요.

번호	한국어	의미	연습하기
①	호흡 명		호흡
2	혼내다 동		
3	홍보 명		
4	홍수 명		
5	화제 명		
6	화창하다 형		
7	확대 명		
8	확보 명		
9	확산 명		
10	확신 명		
11	확실하다 형		
12	확장 명		
13	환상 명		
14	활기 명		
15	활용 명		
16	회복 명		
17	효과적 명		
18	효도 명		
19	효율적 명		
20	후회스럽다 형		
21	훈련 명		
22	훔치다 동		
23	흉내 명		
24	흔들리다 동		
25	흔하다 형		
26	흘러나오다 동		
27	흥미 명		
28	흥분 명		
29	흩어지다 동		
30	힘껏 부		

1. 다음 그림과 관계있는 말을 연결하세요.

(1)    •   • ① 화창하다

(2)    •   • ② 흩어지다

(3)    •   • ③ 흘러나오다

2. 다음 그림을 보고 문장을 완성하세요.

(1)    여자가 아이들을 _____ (-고 있어요).

(2)    아이가 빵을 _____ (-고 있어요).

(3)    갈대가 바람에 _____ (-고 있어요).

3. 다음 ( ) 안에 가장 알맞은 단어를 고르세요.

(1) 불안감과 긴장감을 느낄 때 ( )을/를 크게 하면 불안과 긴장을 낮출 수 있다.

① 호흡   ② 화제   ③ 효과   ④ 효율

(2) 이번에 개봉한 영화의 배우들은 작품 ( )를 위해 직접 무대에 나섰다.

① 홍보   ② 홍수   ③ 확대   ④ 확보

(3) 내가 이 일을 잘할 수 있을지 ( )이 서질 않는다.

① 확산   ② 확신   ③ 확장   ④ 환상

(4) 연휴를 맞아 관광지에는 관광객들로 ( )가 넘쳤다.

① 활기   ② 효도   ③ 흉내   ④ 흥미

(5) 수술한 후 ( )이 쉽게 되지 않아서 아직 입원 중이다.

① 활용   ② 회복   ③ 훈련   ④ 흥분

(6) 몸의 피로를 회복하는 ( ) 방법은 휴식이다.

① 해로운   ② 화창한   ③ 확실한   ④ 후회스러운

(7) 싱크대 아래에서 물이 ( ) 주방 바닥이 다 젖었어요.

① 혼내서   ② 훔쳐서   ③ 흩어져서   ④ 흘러나와서

4. 다음 두 단어의 관계가 어울리지 않는 것을 고르세요.

(1)
① 호흡 – 하다   ② 확대 – 하다
③ 환상 – 하다   ④ 활용 – 하다

(2)
① 확장 – 되다   ② 회복 – 되다
③ 흥미 – 되다   ④ 흥분 – 되다

5. 다음 단어 중에서 보기 의 단어와 관계가 없는 것을 고르세요.

(1) 보기 화제

① 삼다   ② 내리다   ③ 바꾸다   ④ 오르다

(2) 보기 확신

① 띠다   ② 서다   ③ 차다   ④ 넘치다

(3) 보기 활기

① 띠다   ② 서다   ③ 차다   ④ 넘치다

6. 다음 밑줄 친 부분과 비슷한 의미의 단어를 고르세요.

(1) 감기 예방에 가장 <u>효율적인</u> 방법은 외출 후 손을 꼭 씻는 것이다.

① 이상적   ② 환상적   ③ 활용적   ④ 효과적

(2) 세계 곳곳에서 기록적인 폭염과 가뭄, 산불, 홍수가 <u>많이</u> 발생하고 있다.

① 흔하게   ② 화창하게   ③ 확실하게   ④ 후회스럽게

7. 다음 단어를 보고 연상되는 단어를 보기 에서 고르세요.

보기		홍수	효도	훈련

(1) 부모　　효자　　효녀　　→ _____
(2) 선수　　연습　　경기　　→ _____
(3) 여름　　이상 기후　　폭우　　→ _____

8. 이것은 무엇입니까? 다음을 읽고 내용에 맞는 단어를 보기 에서 고르세요.

보기		확대	확산	확장

(1) 사업이나 가게, 집을 더 넓히는 것을 말합니다.
　　이것은 (　　　　)입니다.

(2) 전염병 등이 널리 흩어져 퍼지는 것을 말합니다.
　　이것은 (　　　　)입니다.

(3) 글자를 크게 하거나 화면을 크게 하는 것을 말합니다.
　　이것은 (　　　　)입니다.

9. 다음 (　　) 안에 알맞은 단어를 보기 에서 골라서 문장을 완성하세요.

보기		힘껏	흥미	흥분

　　나는 한국 드라마를 보면서 한국 문화에 (　　　　)을/를 느꼈다. 요즘은 K-pop에도 빠져 있는데 얼마 전 내가 좋아하는 그룹의 콘서트를 보러 가게 됐다. 얼마나 (　　　　)이/가 됐는지 모른다. 콘서트를 보는 내내 (　　　　) 소리를 지르며 응원을 했다. 평생 잊을 수 없는 하루였다.

| 쏙쏙 어휘왕 |

정답

TOPIK II

3급	305
4급	310
찾아보기	317

MP3 다운로드 경로 안내

www.sdedu.co.kr 접속 > 학습자료실 클릭 > MP3 클릭 > '쏙쏙 한국어 어휘왕' 검색

쏙쏙 정답

1일차

1. (1) ② (2) ③ (3) ①
2. (1) 가려워요 (2) 감상이에요 (3) 가전제품이
3. (1) ④ (2) ② (3) ② (4) ① (5) ① (6) ③ (7) ①
4. (1) ① (2) ②
5. (1) ④ (2) ③ (3) ③
6. (1) ① (2) ②
7. (1) 거꾸로 (2) 가득히 (3) 각자
8. (1) ③ (2) ④
9. (1) 감정 (2) 간호 (3) 감독

2일차

1. (1) ② (2) ① (3) ③
2. (1) 계약했어요 (2) 과식을 (3) 과목을
3. (1) ③ (2) ② (3) ③ (4) ① (5) ③ (6) ④ (7) ④
4. (1) ④ (2) ③
5. (1) ① (2) ④ (3) ②
6. (1) ④ (2) ④
7. (1) ② (2) ②
8. (1) 공간 (2) 고생 (3) 공과금
9. (1) 과로 (2) 과장 (3) 고백

3일차

1. (1) ③ (2) ② (3) ①
2. (1) 금연 (2) 구경거리가 (3) 관람을
3. (1) ② (2) ④ (3) ③ (4) ④ (5) ② (6) ④ (7) ②
4. (1) ④ (2) ②
5. (1) ④ (2) ④ (3) ③
6. (1) ② (2) ②

7. (1) ③ (2) ③
8. (1) 과정을 (2) 관리를 (3) 기능이 (4) 구조를
9. (1) 구체적 (2) 긍정적 (3) 규칙적

4일차

1. (1) ① (2) ③ (3) ②
2. (1) 끊겼어요 (2) 낙엽이 (3) 깨졌어요
3. (1) ③ (2) ① (3) ④ (4) ③ (5) ① (6) ① (7) ④ (8) ④
4. (1) ④ (2) ③
5. (1) ④ (2) ② (3) ②
6. (1) ① (2) ③
7. (1) 꽂다 (2) 끌다 (3) 까다
8. (1) ② (2) ④
9. (1) 깜빡 (2) 꽉 (3) 꼼짝 (4) 끝내

5일차

1. (1) ③ (2) ② (3) ①
2. (1) 녹았어요 (2) 다져서 (3) 단정해
3. (1) ③ (2) ④ (3) ③ (4) ① (5) ① (6) ② (7) ①
4. (1) ③ (2) ①
5. (1) ① (2) ③
6. (1) ② (2) ④
7. (1) ① (2) ④
8. (1) 내내 (2) 다행히 (3) 널리
9. (1) 녹음 (2) 노약자 (3) 단점

쏙쏙 정답

6일차

1. (1) ② (2) ① (3) ③
2. (1) 달콤하네요 (2) 대형 (3) 덮고
3. (1) ③ (2) ④ (3) ① (4) ④ (5) ④ (6) ③ (7) ③ (8) ②
4. (1) 대중 (2) 도구 (3) 대표 (4) 대형
5. (1) ④ (2) ③
6. (1) ④ (2) ④
7. (1) 대체로 (2) 덜 (3) 당장
8. (1) ① (2) ①
9. (1) 달다 (2) 담그다 (3) 달다

7일차

1. (1) ① (2) ②
2. (1) 떠올랐네요 (2) 떨고 있어요 (3) 땄어요
3. (1) ② (2) ① (3) ① (4) ③ (5) ③ (6) ④ (7) ③
4. (1) ② (2) ③
5. (1) ④ (2) ④
6. (1) ① (2) ② (3) ④
7. (1) 돌려받다 (2) 돌아다니다 (3) 되돌아오다
8. (1) 때때로 (2) 따로따로 (3) 딱
9. (1) 도심 (2) 동호회 (3) 동양 (4) 도시락

8일차

1. (1) ① (2) ③ (3) ②
2. (1) 뚫고 있어요 (2) 뛰어내리고 있어요 (3) 뛰어넘고 있어요
3. (1) ① (2) ① (3) ② (4) ① (5) ③ (6) ② (7) ④
4. (1) ③ (2) ④
5. (1) ④ (2) ④

6. (1) 똑똑히 (2) 마음대로 (3) 마침 (4) 막
7. (1) 뜨다 (2) 뚫다 (3) 떨어뜨리다
8. (1) 맨발 (2) 멀미 (3) 먼지
9. 면적, 또한, 멋진

9일차

1. (1) ① (2) ③ (3) ②
2. (1) 물었어요 (2) 묶었어요 (3) 묻었어요
3. (1) ② (2) ③ (3) ② (4) ② (5) ④ (6) ① (7) ③
4. (1) ① (2) ④
5. (1) 문화재 (2) 미만 (3) 묘사
6. (1) ③ (2) ④ (3) ①
7. (1) ② (2) ④
8. (1) 몰래 (2) 미끄러우니까 (3) 무조건
9. (1) 미성년자 (2) 물가 (3) 면허증 (4) 목록

10일차

1. (1) ① (2) ②
2. (1) 밀려요 (2) 배웅했어요 (3) 벗겼어요
3. (1) ④ (2) ② (3) ③ (4) ③ (5) ① (6) ② (7) ①
4. (1) ③ (2) ②
5. (1) ③ (2) ③
6. (1) ② (2) ④ (3) ②
7. (1) 발행 (2) 배치 (3) 발급
8. (1) 밝히고 (2) 밟았어요
9. (1) 바탕 (2) 범죄 (3) 미소

11일차

1. (1) ③ (2) ② (3) ①
2. (1) 부러졌어요 (2) 부었어요 (3) 비벼서
3. (1) ① (2) ③ (3) ④ (4) ① (5) ② (6) ③ (7) ④ (8) ④
4. (1) ③ (2) ①
5. (1) ③ (2) ②
6. (1) ③ (2) ④ (3) ④
7. (1) ③ (2) ③
8. (1) 부담을 (2) 불만을 (3) 불균형 (4) 봉사를
9. (1) 볼거리 (2) 보람 (3) 보험

12일차

1. (1) ① (2) ③ (3) ②
2. (1) 살쪘어요 (2) 상영 (3) 살인
3. (1) ④ (2) ④ (3) ② (4) ③ (5) ④ (6) ③ (7) ④ (8) ④
4. (1) ④ (2) ②
5. (1) ② (2) ②
6. (1) ① (2) ③
7. (1) 뿌리다 (2) 빗다 (3) 살찌다
8. (1) ② (2) ③
9. (1) 사교적 (2) 사용법 (3) 상대방 (4) 사회적

13일차

1. (1) ③ (2) ② (3) ①
2. (1) 소나기가 (2) 소화가 (3) 소독해야 돼요
3. (1) ③ (2) ② (3) ③ (4) ② (5) ④ (6) ② (7) ③ (8) ②
4. (1) ③ (2) ③
5. (1) ② (2) ③
6. (1) ④ (2) ③ (3) ③

7. (1) ③ (2) ④
8. (1) 소화가 (2) 수도 (3) 소원은
9. 성인이, 수다를, 서툴러서, 속상하지만, 세월이

14일차

1. (1) ③ (2) ② (3) ①
2. (1) 수집하는 (2) 숙소가 (3) 신고해야 돼요
3. (1) ① (2) ② (3) ③ (4) ② (5) ② (6) ① (7) ③ (8) ④
4. (1) ④ (2) ①
5. (1) ② (2) ② (3) ③
6. (1) ① (2) ②
7. (1) 수선 (2) 신고 (3) 숙박 (4) 수수료
8. (1) ④ (2) ②
9. (1) 식중독 (2) 시설이 (3) 식후 (4) 순간

15일차

1. (1) ① (2) ③ (3) ②
2. (1) 안색이 (2) 쌓여 있네요 (3) 쏟아져서
3. (1) ② (2) ① (3) ④ (4) ③ (5) ② (6) ④ (7) ③ (8) ④
4. (1) ② (2) ③
5. (1) ② (2) ③
6. (1) ① (2) ① (3) ②
7. (1) 신혼 (2) 안정 (3) 실종
8. (1) ③ (2) ④
9. (1) 싫증이 (2) 실컷 (3) 실제로 (4) 안부를

쏙쏙 정답

16일차

1. (1) ③ (2) ② (3) ①
2. (1) 업고 있어요 (2) 어지러워요
   (3) 열려 있어요
3. (1) ④ (2) ③ (3) ② (4) ③ (5) ③ (6) ③
   (7) ②
4. (1) ① (2) ②
5. (1) 업다 (2) 열리다 (3) 연기하다
6. (1) 앞날 (2) 암 (3) 여가 (4) 애완동물
7. (1) 어느새 (2) 얼른
8. (1) ② (2) ① (3) ④
9. 업무, 여가, 야외로, 야경을, 여유롭게

17일차

1. (1) ③ (2) ② (3) ①
2. (1) 옮겼어요 (2) 올려놓았어요
3. (1) ② (2) ④ (3) ② (4) ③ (5) ① (6) ②
   (7) ① (8) ①
4. (1) ① (2) ④
5. (1) 받다 (2) 하다 (3) 맞다
6. (1) ④ (2) ④ (3) ①
7. (1) ② (2) ③
8. (1) 영원히 (2) 온 (3) 우선 (4) 우연히 (5) 예컨대
9. (1) 영양 (2) 외박 (3) 외교

18일차

1. (1) ① (2) ③ (3) ②
2. (1) 울리니까 (2) 울렸어요 (3) 이루고 싶어요
3. (1) ③ (2) ② (3) ② (4) ① (5) ③ (6) ①
   (7) ④ (8) ③
4. (1) ② (2) ②
5. (1) ③ (2) ①
6. (1) ③ (2) ③ (3) ④
7. (1) 이따 (2) 이만 (3) 원래
8. (1) 유물 (2) 의논 (3) 응원
9. 인구는, 이국적, 이동

19일차

1. (1) ① (2) ② (3) ③
2. (1) 잡혔어요 (2) 잡아먹고 있어요
   (3) 잠겨 있어요
3. (1) ④ (2) ③ (3) ② (4) ① (5) ④ (6) ③
   (7) ① (8) ②
4. (1) ② (2) ②
5. (1) ④ (2) ②
6. (1) ③ (2) ④ (3) ②
7. (1) 인원 (2) 인상 (3) 인생
8. (1) 자동 (2) 일상생활 (3) 입장료 (4) 인쇄
9. 장래, 자신, 일부러

20일차

1. (1) ② (2) ① (3) ③
2. (1) 재고 있어요 (2) 젓고 있어요
   (3) 적혀 있어요
3. (1) ③ (2) ③ (3) ② (4) ① (5) ① (6) ③
   (7) ④ (8) ④
4. (1) ④ (2) ① (3) ④
5. (1) ② (2) ② (3) ③
6. (1) 점차 (2) 정말로
7. (1) ③ (2) ④
8. (1) 절약 (2) 전시 (3) 재활용
9. (1) 정보 (2) 정 (3) 전문

21일차

1. (1) ② (2) ① (3) ③
2. (1) 주고받았어요 (2) 중순부터 (3) 죽이고
3. (1) ② (2) ③ (3) ③ (4) ② (5) ③ (6) ③
   (7) ②
4. (1) ② (2) ②
5. (1) ④ (2) ④
6. (1) ③ (2) ④
7. (1) 조사 (2) 종교 (3) 조리
8. (1) ① (2) ②
9. (1) 종일 (2) 조언 (3) 제시간 (4) 조건

22일차

1. (1) ② (2) ① (3) ③
2. (1) 짜서 (2) 집었어요 (3) 차렸어요
3. (1) ② (2) ④ (3) ③ (4) ② (5) ② (6) ④
   (7) ③ (8) ②
4. (1) 집중 (2) 처방 (3) 참석 (4) 참가
5. (1) ③ (2) ①
6. (1) ③ (2) ④
7. (1) ④ (2) ④
8. (1) ② (2) ① (3) ②
9. (1) 즉시 (2) 차량 (3) 증상이 (4) 차이로

23일차

1. (1) ③ (2) ② (3) ①
2. (1) 통통해서 (2) 태우고 있어요 (3) 체한
3. (1) ① (2) ④ (3) ② (4) ④ (5) ③ (6) ③
   (7) ② (8) ④
4. (1) ④ (2) ③
5. (1) ④ (2) ④ (3) ②
6. (1) ④ (2) ③

7. (1) 추측 (2) 토론 (3) 출국
8. (1) ① (2) ②
9. (1) 최선 (2) 취향 (3) 첫인상 (4) 특징

24일차

1. (1) ① (2) ③ (3) ②
2. (1) 파고 있네요 (2) 풀렸네요 (3) 합칩시다
3. (1) ① (2) ④ (3) ④ (4) ① (5) ② (6) ④
   (7) ③
4. (1) ② (2) ③
5. (1) 표지판 (2) 품질 (3) 평가
6. (1) ② (2) ① (3) ④
7. (1) 한때 (2) 틈틈이 (3) 한참
8. (1) ③ (2) ③
9. 피서, 파도, 해돋이, 피부

25일차

1. (1) ② (2) ① (3) ③
2. (1) 혼나고 있어요 (2) 향하고 있어요
   (3) 흘러가고 있어요
3. (1) ③ (2) ② (3) ② (4) ① (5) ④ (6) ④
   (7) ① (8) ③
4. (1) ③ (2) ③
5. (1) ④ (2) ④
6. (1) ① (2) ④ (3) ②
7. (1) 활짝 (2) 혹은
8. (1) 받다 (2) 크다 (3) 하다
9. (1) 후회 (2) 행운 (3) 희생

쏙쏙 정답

26 일차

1. (1) ③ (2) ② (3) ①
2. (1) 갇혀 있어요 (2) 가라앉고 있어요
   (3) 감싸고 있어요
3. (1) ① (2) ② (3) ③ (4) ③ (5) ② (6) ④
   (7) ① (8) ②
4. (1) ① (2) ②
5. (1) ① (2) ①
6. (1) ① (2) ③ (3) ③
7. (1) ① (2) ② (3) ②
8. (1) 감히 (2) 가만히 (3) 간신히
9. (1) 개선 (2) 갈등 (3) 강수량

27 일차

1. (1) ② (2) ① (3) ③
2. (1) 건드리면 (2) 걷어 (3) 거칠어요
3. (1) ① (2) ② (3) ③ (4) ③ (5) ③ (6) ④
   (7) ③
4. (1) ④ (2) ①
5. (1) 고정 (2) 경영 (3) 경고
6. (1) ③ (2) ① (3) ②
7. (1) ④ (2) ④
8. (1) 경력 (2) 경향 (3) 고정 (4) 경쟁
9. (1) 견해 (2) 고유 (3) 계기

28 일차

1. (1) ③ (2) ① (3) ②
2. (1) 공해가 (2) 과소비가 (3) 공격이
3. (1) ① (2) ① (3) ② (4) ③ (5) ④ (6) ③
   (7) ③
4. (1) ④ (2) ④
5. (1) ④ (2) ③ (3) ②
6. (1) 공적 (2) 교훈 (3) 교대 (4) 교체
   (5) 괴롭혀서
7. (1) ④ (2) ③ (3) ④
8. (1) 과연 (2) 괜히
9. (1) 구분하다 (2) 구성하다 (3) 교대하다

29 일차

1. (1) ③ (2) ② (3) ①
2. (1) 굽혀서 (2) 기울었어요 (3) 굵고 있어요
3. (1) ① (2) ③ (3) ④ (4) ④ (5) ④ (6) ③
   (7) ①
4. (1) ④ (2) ④ (3) ③
5. (1) ④ (2) ①
6. (1) 기울어 (2) 권위 (3) 급속히 (4) 권력을
7. (1) ② (2) ③
8. (1) 급격히 (2) 극히 (3) 굳이 (4) 그다지
9. (1) 귀중하다 (2) 권유하다 (3) 기부하다

30 일차

1. (1) ② (2) ① (3) ③
2. (1) 꺼서 (2) 꽂혀 있어요 (3) 깜깜해서
3. (1) ④ (2) ② (3) ① (4) ② (5) ③ (6) ①
   (7) ④
4. (1) 꺾다 (2) 깨다 (3) 깔다
5. (1) ② (2) ④ (3) ④
6. (1) ④ (2) ④
7. (1) ④ (2) ② (4) ③
8. (1) 꼽히는 (2) 꾸리는 (3) 까다로운지 (4) 끼워
9. (1) 까닭 (2) 기적 (3) 기후

31일차

1. (1) ③ (2) ① (3) ②
2. (1) 날아다니고 있어요 (2) 내려다보고 있어요
   (3) 노려보고 있어요
3. (1) ① (2) ③ (3) ③ (4) ④ (5) ③ (6) ③
   (7) ①
4. (1) ② (2) ①
5. (1) ④ (2) ③
6. (1) 녹이다 (2) 낮추다 (3) 넓히다 (4) 끼치다
7. (1) ① (2) ②
8. (1) 내쫓았어요 (2) 나섰어요 (3) 넘긴
9. (1) ④ (2) ②

32일차

1. (1) ① (2) ③ (3) ②
2. (1) 눕히고 있어요 (2) 놀리고 있어요
   (3) 달래고 있어요
3. (1) ① (2) ② (3) ④ (4) ③ (5) ④ (6) ④
   (7) ④
4. (1) ③ (2) ④
5. (1) ② (2) ①
6. (1) 다름없어요 (2) 느끼해요 (3) 느긋하세요
7. (1) ④ (2) ② (3) ②
8. (1) 늦추다 (2) 다루다 (3) 달리다
9. (1) 달려 있다 (2) 눈길이 (3) 늘였다

33일차

1. (1) ② (2) ① (3) ③
2. (1) 닮았어요 (2) 대기해 주세요
   (3) 더럽히고 있어요
3. (1) ② (2) ③ (3) ③ (4) ② (5) ③ (6) ④
   (7) ③
4. (1) ② (2) ②
5. (1) ① (2) ①
6. (1) 대충 (2) 대개 (3) 더구나 (4) 당분간
7. (1) 더불다 (2) 당하다 (3) 닳다
8. (1) 대책 (2) 대중문화
9. 당당하게, 담백한, 당기기, 대개

34일차

1. (1) ③ (2) ② (3) ①
2. (1) 도망치고 있어요 (2) 두드리고 있어요
   (3) 뒤집고 있어요
3. (1) ② (2) ③ (3) ② (4) ② (5) ④ (6) ③
   (7) ③
4. (1) ② (2) ③
5. (1) 되풀이 (2) 동기 (3) 둘레
6. (1) ② (2) ④ (3) ③
7. (1) ① (2) ①
8. (1) 두드려서 (2) 되돌릴 (3) 도저히
9. (1) ③ (2) ④

35일차

1. (1) ③ (2) ② (3) ①
2. (1) 따라다니고 있어요 (2) 따르고 있어요
   (3) 뜯고 있어요
3. (1) ① (2) ③ (3) ② (4) ② (5) ③ (6) ①
   (7) ② (8) ③
4. (1) ① (2) ②
5. (1) 뜨다 (2) 뜯다 (3) 뛰어들다
6. (1) ③ (2) ③ (3) ②
7. (1) ③ (2) ①
8. (1) 마땅히 (2) 마음껏 (3) 마구
9. (1) ④ (2) ①

311

쏙쏙 정답

36일차

1. (1) ③ (2) ① (3) ②
2. (1) 먹이고 있어요 (2) 먹히고 있어요
   (3) 모이고 있어요
3. (1) ② (2) ④ (3) ② (4) ③ (5) ③ (6) ②
   (7) ①
4. (1) ④ (2) ④
5. (1) ④ (2) ④ (3) ①
6. (1) ① (2) ①
7. (1) ② (2) ②
8. (1) 마침내 (2) 마주 (3) 마치 (4) 막상
9. (1) 모여들다 (2) 머무르다 (3) 망가지다
   (4) 망하다

37일차

1. (1) ③ (2) ② (3) ①
2. (1) 목말라요 (2) 물들었어요
   (3) 무너져 버렸어요
3. (1) ① (2) ② (3) ① (4) ① (5) ③ (6) ④
   (7) ④
4. (1) ④ (2) ②
5. (1) ① (2) ④ (3) ③
6. (1) 몹시 (2) 몽땅 (3) 모처럼 (4) 무사히
7. (1) ③ (2) ④
8. (1) ④ (2) ②
9. (1) 물질 (2) 모험 (3) 미련 (4) 문명

38일차

1. (1) ① (2) ③ (3) ②
2. (1) 밤새 (2) 밟는 바람에 (3) 바래다줬어요
3. (1) ④ (2) ④ (3) ③ (4) ② (5) ② (6) ④
   (7) ③
4. (1) ④ (2) ③
5. (1) ④ (2) ④ (3) ④
6. (1) ④ (2) ①
7. (1) 반응 (2) 배송 (3) 방안
8. (1) 발길 (2) 밝혀지자 (3) 반응하기 (4) 박히게
9. (1) 배경 (2) 반성 (3) 배려

39일차

1. (1) ② (2) ③ (3) ①
2. (1) 벌리고 (2) 부딪쳐서 (3) 부딪혔어요
3. (1) ① (2) ③ (3) ④ (4) ⑤ (5) ④ (6) ②
   (7) ①
4. (1) ① (2) ① (3) ③
5. (1) ② (2) ②
6. (1) 별도로 (2) 본래는 (3) 부상을
7. (1) ① (2) ③
8. (1) 벌리고 (2) 보상으로 (3) 보장하고 (4) 보안
9. (1) 변동 (2) 벌떡 (3) 변명 (4) 보급

40일차

1. (1) ② (2) ① (3) ③
2. (1) 붙잡혔어요 (2) 부수고 있어요 (3) 비겼어요
3. (1) ③ (2) ① (3) ② (4) ② (5) ③ (6) ③
   (7) ④
4. (1) ④ (2) ②
5. (1) ② (2) ③ (3) ④
6. (1) 비록 (2) 부정적 (3) 비로소 (4) 비교적
7. (1) ① (2) ①
8. (1) ④ (2) ④
9. (1) 분석 (2) 비난 (3) 비결 (4) 부작용

41일차

1. (1) ③ (2) ② (3) ①
2. (1) 비치고 있어요 (2) 빛나고 있어요
   (3) 비틀거리고 있어요
3. (1) ④ (2) ④ (3) ④ (4) ② (5) ④ (6) ②
   (7) ④
4. (1) ④ (2) ①
5. (1) ③ (2) ④
6. (1) 사설 (2) 비법 (3) 사상
7. (1) 비추어 (2) 비우고 (3) 빼앗고
   (4) 빠져나가려다가
8. (1) ③ (2) ③ (3) ③
9. 비중이, 사고방식이, 사기를

42일차

1. (1) ② (2) ① (3) ③
2. (1) 상쾌하네요 (2) 살리고 있어요
   (3) 섞여 있어요
3. (1) ② (2) ① (3) ① (4) ④ (5) ④ (6) ①
   (7) ④
4. (1) ③ (2) ②
5. (1) 상관없이 (2) 서서히 (3) 새삼
6. (1) ② (2) ③
7. (1) ④ (2) ②
8. (1) 삼키다 (2) 새기다 (3) 살리다
9. (1) 생략 (2) 선진 (3) 생산

43일차

1. (1) ③ (2) ① (3) ②
2. (1) 설레네요 (2) 손잡았어요
   (3) 손질하고 있어요
3. (1) ③ (2) ① (3) ④ (4) ④ (5) ① (6) ①
4. (1) 속하다 (2) 손잡다 (3) 설레다
5. (1) ④ (2) ③
6. (1) ③ (2) ③ (3) ②
7. (1) 소홀히 (2) 설마 (3) 소중히
8. (1) 설립 (2) 설정 (3) 설치
9. 세대가, 소비, 소득이

44일차

1. (1) ③ (2) ① (3) ②
2. (1) 시들었어요 (2) 숨기고 있어요
   (3) 숙이고 있어요
3. (1) ② (2) ③ (3) ④ (4) ① (5) ② (6) ④
   (7) ①
4. (1) 슬쩍 (2) 수시로
5. (1) ④ (2) ③
6. (1) ① (2) ③ (3) ③
7. (1) ① (2) ①
8. (1) 수준 (2) 수요 (3) 시행 (4) 수속
9. 시절, 시도를, 신념을

45일차

1. (1) ② (2) ③ (3) ①
2. (1) 씻기고 있어요 (2) 쓰다듬고 있어요
   (3) 씌우고 있어요
3. (1) ① (2) ① (3) ① (4) ③ (5) ③ (6) ①
   (7) ④
4. (1) ① (2) ①
5. (1) ② (2) ②
6. (1) ① (2) ②
7. (1) 쏘다 (2) 쐬다 (3) 씌우다
8. (1) 실업 (2) 실습 (3) 실험 (4) 신화
9. 십상이라는, 심정은, 심지어

쏙쏙 정답

46일차

1. (1) ① (2) ③ (3) ②
2. (1) 앉혔어요 (2) 안겼어요 (3) 안겼어요
3. (1) ① (2) ① (3) ④ (4) ③ (5) ③ (6) ④ (7) ①
4. (1) ③ (2) ①
5. (1) ② (2) ④ (3) ①
6. (1) ① (2) ④
7. (1) ③ (2) ④ (3) ③
8. (1) 어쨌든 (2) 앞세우다 (3) 어쩌다 (4) 앞장서다
9. 아울러, 알찬, 아예, 앞두고, 어느덧, 안타깝지만

47일차

1. (1) ③ (2) ② (3) ①
2. (1) 얼리고 있어요 (2) 엎드려 있어요 (3) 연속으로
3. (1) ④ (2) ③ (3) ④ (4) ④ (5) ③ (6) ③ (7) ①
4. (1) ① (2) ④ (3) ③ (4) ②
5. (1) 연설하다 (2) 얼리다 (3) 엉뚱하다
6. (1) 엄숙하게 (2) 연간 (3) 언급 (4) 엉망이라서
7. (1) ③ (2) ②
8. (1) 어찌나 (2) 여간 (3) 여전히 (4) 어차피
9. (1) 여부 (2) 엉터리 (3) 엉망

48일차

1. (1) ② (2) ① (3) ③
2. (1) 오염됐어요 (2) 외쳤어요 (3) 우승해서
3. (1) ④ (2) ③ (3) ④ (4) ② (5) ③ (6) ④ (7) ③
4. (1) ④ (2) ②
5. (1) ② (2) ④ (3) ② (4) ①
6. (1) 용도 (2) 예외가 (3) 열기가
7. (1) ④ (2) ② (3) ②
8. (1) 오염 (2) 용도 (3) 우승
9. (1) 오직 (2) 온갖 (3) 오히려 (4) 왠지

49일차

1. (1) ① (2) ③ (3) ②
2. (1) 위반했어요 (2) 웃겨요 (3) 유창해요
3. (1) ② (2) ④ (3) ② (4) ① (5) ① (6) ③ (7) ②
4. (1) 운영 (2) 원리 (3) 은혜
5. (1) ① (2) ④
6. (1) ③ (2) ② (3) ④
7. (1) ② (2) ③
8. (1) ① (2) ④ (3) ④ (4) ④
9. (1) 의무 (2) 운행 (3) 위기

50일차

1. (1) ② (2) ③ (3) ①
2. (1) 이르러서 (2) 익히지 않고 (3) 인상한다고 합니다
3. (1) ① (2) ③ (3) ④ (4) ④ (5) ③ (6) ④ (7) ③
4. (1) ② (2) ①
5. (1) ② (2) ②
6. (1) ① (2) ① (3) ④
7. (1) ④ (2) ④ (3) ④
8. (1) 이왕 (2) 의심 (3) 의욕 (4) 이익
9. (1) 일교차 (2) 인간성 (3) 이상적

51일차

1. (1) ② (2) ① (3) ③
2. (1) 일으키고 있어요 (2) 입히고 있어요
   (3) 읽히고 있어요
3. (1) ① (2) ④ (3) ② (4) ③ (5) ④ (6) ①
   (7) ④
4. (1) ② (2) ①
5. (1) ② (2) ① (3) ①
6. (1) 잔뜩 (2) 일일이
7. (1) 일으키다 (2) 자라나다 (3) 잇따르다
8. (1) 자랑스럽다 (2) 임시 (3) 자부심 (4) 작용
9. 자신감, 자존심, 자존심

52일차

1. (1) ③ (2) ① (3) ②
2. (1) 잠겼어요 (2) 잡아당겼어요 (3) 재웠어요
3. (1) ③ (2) ③ (3) ③ (4) ④ (5) ① (6) ③
   (7) ③
4. (1) ③ (2) ②
5. (1) ④ (2) ① (3) ④
6. (1) 저절로 (2) 점잖다 (3) 적절하다
7. (1) 정기 (2) 저장 (3) 절차 (4) 적성
8. (1) 접하다 (2) 접어들다 (3) 저지르다
9. (1) 접속 (2) 접근 (3) 적용

53일차

1. (1) ③ (2) ① (3) ②
2. (1) 좁히고 (2) 주저앉아 있어요
   (3) 조르고 있어요
3. (1) ④ (2) ① (3) ④ (4) ④ (5) ③ (6) ④
   (7) ①
4. (1) ③ (2) ③

5. (1) 주저앉다 (2) 좁히다 (3) 제시하다
6. (1) ③ (2) ④ (3) ②
7. (1) 종종 (2) 제법 (3) 줄곧
8. (1) 정의 (2) 존재 (3) 정직 (4) 정착
9. (1) 조화와 (2) 제작 (3) 줄거리를

54일차

1. (1) ① (2) ③ (3) ②
2. (1) 지켜보고 있어요 (2) 줄어들고 있어요
   (3) 중얼거리고 있어요
3. (1) ② (2) ③ (3) ④ (4) ② (5) ② (6) ④
   (7) ①
4. (1) ② (2) ②
5. (1) 진지하고 (2) 지겨워 (3) 진정한
6. (1) ② (2) ③ (3) ④
7. (1) 지식 (2) 증거 (3) 중독
8. (1) 진리 (2) 진단 (3) 진술 (4) 지혜
9. 지름길을, 지위, 지금껏

55일차

1. (1) ① (2) ③ (3) ②
2. (1) 찌푸려 있어요 (2) 집어넣었어요
   (3) 쫓기고 있어요
3. (1) ② (2) ② (3) ② (4) ③ (5) ③ (6) ④
   (7) ④
4. (1) ○ (2) ○ (3) × (4) ○
5. (1) ② (2) ④
6. (1) ④ (2) ② (3) ①
7. (1) 짐작 (2) 진출 (3) 참여
8. (1) 차라리 (2) 차마 (3) 차츰
9. (1) 창작 (2) 처벌 (3) 질투 (4) 질서

쏙쏙

56 일차

1. (1) ① (2) ③ (3) ②
2. (1) 충돌해서 (2) 축소해서 (3) 출연해서
3. (1) ② (2) ④ (3) ③ (4) ② (5) ① (6) ③
   (7) ①
4. (1) 최종 (2) 최신 (3) 출연
5. (1) 체온 (2) 최초로 (3) 추가 (4) 충격 (5) 철없던
6. (1) ② (2) ② (3) ④ (4) ②
7. (1) ① (2) ④
8. (1) ① (2) ①
9. (1) 축소 (2) 체계 (3) 충고 (4) 추위

57 일차

1. (1) ② (2) ① (3) ③
2. (1) 태워서 (2) 펼쳐서 (3) 투표하는
3. (1) ③ (2) ③ (3) ③ (4) ② (5) ② (6) ②
   (7) ④ (8) ③
4. (1) ③ (2) ④
5. (1) ④ (2) ②
6. (1) ① (2) ②
7. (1) ③ (2) ④
8. (1) 편히 (2) 텅 (3) 평상시와 (4) 틈
9. (1) 토의 (2) 편견 (3) 통과 (4) 통계

58 일차

1. (1) ② (2) ① (3) ③
2. (1) 풀렸어요 (2) 품고 있어요 (3) 푸고 있어요
3. (1) ④ (2) ③ (3) ③ (4) ② (5) ④ (6) ④
   (7) ③
4. (1) ③ (2) ①
5. (1) 폭발 (2) 폭력 (3) 필수
6. (1) 함부로 (2) 하도 (3) 한결 (4) 한창

7. (1) ③ (2) ②
8. (1) 학문 (2) 표준어 (3) 풍속
9. 한눈, 평생, 할부로, 한꺼번에

59 일차

1. (1) ② (2) ③ (3) ①
2. (1) 항의를 (2) 해소에 (3) 향기가
3. (1) ④ (2) ② (3) ④ (4) ② (5) ① (6) ④
   (7) ③
4. (1) ② (2) ①
5. (1) ① (2) ②
6. (1) 향기 (2) 현장 (3) 향상 (4) 허가
7. (1) 해석 (2) 호기심 (3) 협조를 (4) 형성
8. (1) 현장 (2) 현실 (3) 현상으로
9. (1) 허용 (2) 혜택 (3) 해설

60 일차

1. (1) ③ (2) ① (3) ②
2. (1) 혼내고 있어요 (2) 훔치고 있어요
   (3) 흔들리고 있어요
3. (1) ① (2) ③ (3) ② (4) ① (5) ② (6) ③
   (7) ④
4. (1) ③ (2) ③
5. (1) ② (2) ① (3) ②
6. (1) ④ (2) ①
7. (1) 효도 (2) 훈련 (3) 홍수
8. (1) 확장 (2) 확산 (3) 확대
9. 흥미를, 흥분이, 힘껏

찾아보기

단어	쪽수	단어	쪽수	단어	쪽수	단어	쪽수	단어	쪽수
가꾸다	3	강수량	128	경제	8	관계없다	13	규정	143
가난하다	3	강요	128	경향	133	관람	13	규칙적	13
가능하다	3	강제	128	곁	8	관련	13	균형	143
가득하다	3	갖추다	128	계기	133	관리	13	그다지	143
가득히	3	개념	128	계약	8	관점	138	그만하다	13
가라앉다	128	개다1	3	고려	133	관찰	13	그저	13
가렵다	3	개다2	128	고백	8	광경	13	극복	143
가로막다	128	개발	128	고생	8	괜히	138	극히	143
가리다	3	개방	128	고소하다	133	괴롭다	138	근거	143
가만히	128	개선	128	고요하다	133	괴롭히다	138	근무	13
가슴기	3	개인	3	고유	133	굉장하다	138	근본적	143
가입	3	개최	128	고정	133	굉장히	13	근심	143
가전제품	3	개혁	133	고집	138	교대	138	긁다	143
가정	3	객관적	133	곤란하다	8	교류	138	금연	13
가치	128	거꾸로	3	곧이어	8	교양	138	금하다	143
가치관	128	거래	133	곧장	8	교체	138	급격히	143
각	3	거칠다	133	골고루	8	교훈	138	급속히	143
각오	128	건네다	133	골다	138	구경거리	13	급증	143
각자	3	건드리다	133	골목	8	구르다	138	굿	13
간	3	건조하다	3	곱다	8	구매	138	긍정적	13
간격	128	걷다	133	곳곳	8	구멍	13	기계	13
간섭	128	검색	3	공간	8	구별	138	기관	13
간신히	128	검토	3	공감	138	구분	138	기구	13
간절하다	128	겁	8	공개	138	구석	138	기념	13
간접적	133	게다가	133	공격	138	구성	138	기능	13
간지럽다	128	게시판	8	공공	8	구속	143	기대	18
간판	3	겨우	8	공과금	8	구수하다	13	기대다	18
간호	3	격려	133	공급	138	구역	13	기부	143
간혹	128	겪다	133	공동	8	구입하다	13	기사	18
갇히다	128	견디다	133	공동체	138	구조1	13	기술	143
갈다	3	견해	133	공사	8	구조2	143	기술자	18
갈등	128	결국	8	공손하다	138	구체적	13	기억력	18
갈증	3	결승	133	공식	8	구하다	143	기업	18
감각	8	결제	8	공적	138	국립	13	기여	143
감다	3	결코	133	공지	138	굳이	143	기울다	143
감독	3	겸손	133	공통	8	굵다	13	기울이다	143
감동	3	겹치다	133	공해	138	굽히다	143	기적	148
감상	3	경계	133	과로	8	권력	143	기존	148
감소하다	128	경고	133	과목	8	권리	143	기준	18
감시	128	경기	133	과소비	138	권위	143	기초	18
감싸다	128	경력	133	과속	138	권유	143	기혼	148
감정	3	경비	8	과식	8	권하다	13	기후	148
감추다	128	경영	133	과연	138	귀중하다	143	긴급	18
감히	128	경우	8	과장	8	귀하다	143	깊이	148
갑작스럽다	128	경쟁	133	과정	13	규모	143	까다	18

317

찾아보기

단어	쪽수	단어	쪽수	단어	쪽수	단어	쪽수	단어	쪽수
까다롭다	148	나무라다	153	논리	153	달리다	158	더불다	163
까닭	148	나서다	153	논의	153	달성	158	더위	163
깔끔하다	18	나아가다	153	논쟁	158	달아나다	158	더하다	28
깔다	148	나아지다	18	놀리다	158	달콤하다	28	덜	28
깜깜하다	148	나타내다	18	농업	158	달하다	163	덜다	28
깜박하다	148	낙엽	18	높이다	23	닮다	163	덧붙이다	163
깜빡	18	난리	153	놓이다	23	담그다	28	덮다	28
깨다	148	난방	18	놓치다	23	담기다	28	데다	28
깨닫다	148	난처하다	153	눈길	158	담	28	데리다	28
깨뜨리다	148	날아다니다	153	눈부시다	23	담당	163	데우다	163
깨우다	148	날카롭다	153	눈치	158	담백하다	163	데치다	28
깨지다	18	낡다	23	눕히다	158	답변	163	도구	28
꺼지다	18	낭비	153	느긋하다	158	당기다	163	도대체	168
꺾다	148	낮추다	153	느끼하다	158	당당하다	163	도둑	28
껍질	18	낯설다	23	늘리다	23	당분간	163	도리어	168
꼬리	18	낳다	23	늘어나다	23	당시	163	도망가다	28
꼼꼼하다	148	내내	23	늘어놓다	158	당연하다	28	도망치다	168
꼼짝	18	내놓다	153	늘이다	158	당장	28	도서	28
꼽히다	148	내려놓다	23	늦어지다	158	당첨	163	도시락	33
꽂다	18	내려다보다	153	늦잠	23	당하다	163	도심	33
꽂히다	148	내밀다	153	늦추다	158	당황하다	28	도입	168
꽉	18	내버리다	153	다가가다	158	닿다	28	도저히	168
꽤	18	내보내다	23	다가서다	158	대개	163	도전	168
꾸다	148	내성적	23	다듬다	158	대기	163	도중	33
꾸리다	148	내쫓다	153	다루다	158	대다	28	독감	33
꾸미다	148	냉동	23	다름없다	158	대다수	163	독립	168
꾸준하다	148	냉방	23	다물다	158	대단하다	28	독특하다	168
꾸준히	18	냉정하다	23	다정하다	23	대략	163	독하다	168
꾸중	148	너그럽다	153	다지다	23	대비	163	돌려받다	33
꿇다	148	너머	153	다짐	158	대상자	163	돌보다	33
끄덕이다	148	넉넉하다	153	다투다	158	대신	28	돌아다니다	33
끊기다	18	널다	23	다행스럽다	158	대응	163	돌아보다	168
끊임없다	148	널리	23	다행히	23	대접	163	돌아서다	168
끌다	18	넓이	23	단골	158	대조	163	동그랗다	33
끌리다	148	넓히다	153	단단하다	23	대중	28	동기	168
끝내	18	넘기다	153	단독	158	대중문화	163	동료	33
끼다1	18	넘어가다	23	단속	158	대책	163	동양	33
끼다2	148	넘어뜨리다	153	단점	23	대처	163	동의	168
끼어들다	148	넘치다	153	단정하다	23	대체로	28	동일하다	168
끼우다	148	노동	153	단체	28	대충	163	동작	33
끼치다	153	노려보다	153	닫히다	28	대표	28	동창	33
나뉘다	153	노약자	23	달	28	대하다	28	동호회	33
나란히	153	녹다	23	달래다	158	대형	28	되도록	168
나르다	18	녹음	23	달려가다	158	더구나	163	되돌리다	168
나름	153	녹이다	153	달려들다	158	더럽히다	163	되돌아가다	168

단어	쪽수	단어	쪽수	단어	쪽수	단어	쪽수	단어	쪽수
되돌아오다	33	똑똑히	38	망치다	178	몰리다	183	미지근하다	183
되살리다	168	뚜렷하다	173	망하다	178	몸무게	43	미처	188
되찾다	33	뚫다	38	맞다	38	몸살	43	미치다	188
되풀이	168	뚫리다	173	맞이하다	38	몸짓	43	밀리다1	48
두께	33	뛰다	38	맞히다	178	몹시	183	밀리다2	188
두뇌	168	뛰어나다	38	맡기다	38	못되다	183	밉다	48
두드러지다	168	뛰어오다	173	맡다1	38	못지않다	183	바람직하다	188
두드리다	168	뛰어내리다	38	맡다2	38	몽땅	183	바래다주다	188
두렵다	168	뛰어넘다	38	매달다	38	묘사	43	바로잡다	188
두리번거리다	168	뛰어놀다	173	매달리다	178	무관하다	183	바탕	48
둘러보다	168	뛰어다니다	173	매력	178	무너지다	183	박	188
둘러싸이다	168	뛰어들다	173	매진되다	38	무늬	43	박히다	188
둘레	168	뜨다1	38	매체	178	무대	43	반납	48
둥글다	33	뜨다2	173	맨발	38	무더위	43	반면	48
뒤따르다	168	뜯다	173	머무르다	178	무덤	43	반발	188
뒤떨어지다	168	뜻밖	173	머뭇거리다	178	무덥다	183	반복	48
뒤집다	168	띠다	173	먹이다	178	무려	183	반성	188
드나들다	173	마구	173	먹히다	178	무렵	183	반영하다	188
드러내다	173	마냥	173	먼지	38	무리	183	반응	188
드물다	173	마땅하다	173	멀미	38	무사히	183	반짝이다	188
든든하다	173	마련	173	멀쩡하다	178	무시	183	반품	188
들여다보다	173	마무리	173	멋지다	38	무역	43	반하다	48
들키다	173	마음껏	173	멋	178	무조건	43	받아들이다	188
등록	33	마음대로	38	면담	178	묵다	43	발견	188
따다	33	마음먹다	173	면적	38	묵묵히	183	발급	48
따라가다	33	마음씨	38	면하다	178	묶다	43	발길	188
따라다니다	173	마주	178	면허증	43	묶이다	183	발달	48
따라서	33	마주치다	178	명령	178	문득	183	발명	48
따로따로	33	마찬가지	178	명예	178	문명	183	발생하다	188
따르다1	33	마치	178	명확하다	178	문화재	43	발전	48
따르다2	173	마침	38	모범	43	묻다1	43	발행	48
따지다	173	마침내	178	모여들다	178	묻다2	183	밝혀내다	188
딱	33	막	38	모집	43	물가	43	밝혀지다	188
딱딱하다	33	막다	38	모처럼	183	물다	43	밝히다	48
때	173	막상	178	모험	183	물들다	183	밟다	48
때때로	33	막연하다	178	목록	43	물러나다	43	밟히다	188
때리다	173	막차	38	목마르다	183	물리다	43	밤새	48
떠나오다	173	만만하다	178	목숨	183	물음	43	밤새다	188
떠오르다	33	만족스럽다	38	목적지	43	물질	183	방면	188
떠올리다	33	말	38	목표	43	미끄럽다	43	방식	48
떨다	33	말리다1	38	몫	183	미련	183	방안	188
떨리다	33	말리다2	178	몰다	183	미루다	43	방지	188
떨어뜨리다	38	말투	178	몰라보다	183	미만	43	방해	48
떼다	173	망가지다	178	몰래	43	미성년자	43	배경	188
또한	38	망설이다	178	몰려들다	183	미소	48	배려	188

찾아보기

단어	쪽수	단어	쪽수	단어	쪽수	단어	쪽수	단어	쪽수
배송	188	복용	53	붐비다	53	사교적	58	상황	63
배우자	188	본래	193	붓다1	53	사기	203	새기다	208
배웅하다	48	본인	53	붓다2	53	사라지다	58	새다	208
배치	48	볼거리	53	붙잡히다	198	사로잡다	203	새삼	208
버티다	188	볼일	53	비결	198	사막	203	색다르다	208
번갈다	193	봉사	53	비교적	198	사망	203	생겨나다	208
번거롭다	193	부근	193	비기다	198	사물	58	생김새	208
번역	48	부담	53	비난	198	사방	203	생략	208
번화하다	193	부딪치다	193	비로소	198	사상	203	생명	208
벌	48	부딪히다	193	비록	198	사설	203	생산	208
벌금	48	부러워하다	53	비롯하다	198	사소하다	203	생생하다	208
벌떡	193	부러지다	53	비만	198	사용법	58	생활비	63
벌리다	193	부리다	53	비명	203	사정	203	생활용품	63
벌이다	193	부문	193	비법	203	사태	203	서늘하다	208
범위	193	부상	193	비비다	53	사표	208	서럽다	208
범죄	48	부서지다	198	비상구	53	사회적	58	서서히	208
법	48	부수다	198	비용	53	삭제	58	서운하다	208
벗기다	48	부작용	198	비우다	203	산업	58	서적	208
벗어나다	193	부정적	198	비웃다	203	살리다	208	서투르다	63
변경	48	부주의	198	비유	203	살림	208	섞이다	208
변덕스럽다	193	부품	198	비율	203	살아나다	58	선약	63
변동	193	분노	198	비중	203	살아남다	208	선진	208
변명	193	분량	198	비추다	203	살인	58	선호하다	213
변화	48	분류	198	비치다	203	살짝	58	설득	213
별다르다	193	분리하다	53	비키다	58	살찌다	58	설레다	213
별도	193	분명히	53	비틀거리다	203	살펴보다	58	설립	213
별명	48	분석	198	비판	203	삶	58	설마	213
별일	48	분수	198	빌다	58	삶다	58	설명서	63
병들다	193	분실하다	53	빗다	58	삼키다	208	설문	63
보고서	53	분야	198	빛	203	상관없다	58	설정	213
보관	53	분포	198	빛나다	203	상관없이	208	설치	213
보급	193	불가피하다	198	빠뜨리다	203	상금	208	성과	213
보람	53	불구하다	198	빠져나가다	203	상담	58	성별	63
보살피다	193	불규칙하다	53	빠지다	58	상당하다	208	성숙하다	213
보상	193	불균형	53	빠짐없이	203	상대방	58	성실하다	63
보수	193	불러일으키다	198	빨다	58	상대적	208	성인	63
보안	193	불리하다	198	빼놓다	203	상상	208	성장	213
보완	193	불만	53	빼앗다	203	상승	208	성질	213
보장하다	193	불만족스럽다	53	뺏다	58	상식	58	세금	213
보조	193	불법	198	뽑히다	203	상영	58	세다	63
보존	193	불완전하다	53	뿌리	58	상점	58	세대	213
보충	193	불쾌하다	198	뿌리다	58	상징	208	세련되다	63
보험	53	불평	53	베다	58	상쾌하다	208	세월	63
보호	53	불평등하다	198	상태	58	상태	63	소감	63
복도	53	불행	198	사고방식	203	상하다	63	소나기	63

단어	쪽수	단어	쪽수	단어	쪽수	단어	쪽수	단어	쪽수
소독	63	수출	68	신분	73	쓰이다	73	양념	78
소득	213	숙박	68	신비	223	쓸다	73	양보	78
소문	63	숙소	68	신세	223	쓸데없다	223	양식	78
소비	213	숙이다	218	신용	73	쓸쓸하다	223	양심	228
소수	213	순간	68	신입	73	씌우다	223	어긋나다	228
소용없다	213	순간적	218	신제품	223	씻기다	223	어기다	78
소원	63	순수하다	218	신중	223	아깝다	223	어느덧	228
소유	213	순식간	218	신청서	73	아끼다	73	어느새	78
소음	213	순진하다	218	신체	73	아쉽다	73	어리석다	228
소재	213	순하다	218	신혼	73	아예	228	어색하다	228
소중히	213	숨기다	218	신화	223	아울러	228	어지럽다	78
소지품	213	숨다	68	실감	223	악몽	228	어쨌든	228
소홀하다	213	쉬다	68	실내	73	악취	228	어쩌다	228
소화	63	스치다	218	실력	73	악화되다	228	어쩌면	233
속담	63	슬쩍	218	실리다	73	안기다1	228	어쩐지	233
속상하다	63	습기	68	실망	73	안기다2	228	어찌나	233
속이다	213	습도	68	실습	223	안부	73	어차피	233
속하다	213	습하다	68	실시하다	223	안색	73	억양	233
손길	213	승낙	218	실업	73	안정	73	억울하다	233
손잡다	213	승리	218	실용적	223	안타깝다	228	억지로	233
손질	213	승진	68	실제	223	앉히다	228	언급	233
손해	213	승차	68	실제로	73	알려지다	73	언론	233
솔직하다	213	승패	218	실종	73	알아내다	73	언젠가	233
솜씨	63	시각	218	실천	223	알아듣다	73	얼룩	78
송별회	63	시기	68	실컷	73	알아맞히다	228	얼른	78
수다	63	시달리다	218	실험	223	알아주다	228	얼리다	233
수단	63	시대	68	실현	223	알차다	228	엄격하다	233
수도	63	시도	218	싫증	73	앓다	228	엄숙하다	233
수도권	218	시들다	218	심각하다	73	암	78	엄청나다	233
수동적	218	시력	218	심리적	223	암기	228	업다	78
수량	63	시선	218	심정	223	압력	228	업무	78
수리	63	시설	68	심지어	223	앞날	78	업적	233
수면	68	시절	218	십상	223	앞두다	228	없애다	78
수명	218	시합	218	싱싱하다	73	앞서다	228	없어지다	78
수선	68	시행	218	쌓이다	73	앞세우다	228	엉뚱하다	233
수속	218	식료품	68	썩다	73	앞장서다	228	엉망	233
수수료	68	식비	68	썰렁하다	223	애쓰다	228	엉터리	233
수시로	218	식중독	68	쏘다	223	애완동물	78	엎드리다	233
수요	218	식품점	68	쏟다	73	야경	78	여가	78
수용	218	식후	68	쏟아지다	73	야근	78	여간	233
수입1	68	식히다	68	쐬다	223	야단	228	여건	233
수입2	68	신고	68	쑤시다	223	야외	78	여기다	78
수정	68	신기하다	68	쑥스럽다	223	약점	228	여부	233
수준	218	신나다	68	쓰다듬다	223	약품	78	여유롭다	78
수집하다	68	신념	218	쓰러지다	223	얌전	228	여전히	233

찾아보기

단어	쪽수	단어	쪽수	단어	쪽수	단어	쪽수	단어	쪽수
역할	78	옷차림	83	원칙	243	이따	88	일출	93
연간	233	완벽하다	238	웬	243	이력서	88	일치	253
연관	233	완성	83	웬만하다	243	이론	248	일행	93
연구	78	완전	238	웬일	88	이롭다	248	일회용	253
연기	78	왕복	83	위기	243	이루다	88	읽히다1	253
연기하다	78	왠지	238	위대하다	243	이르다	248	읽히다2	253
연봉	233	외교	83	위로	243	이만	88	임시	253
연설	233	외모	83	위반	243	이민	248	입국	93
연속	233	외박	83	위하다	88	이별	248	입맛	93
연장	78	외부	83	위협	243	이상적	248	입장	253
연체	233	외식	83	유난히	243	이성1	88	입장료	93
연출	233	외치다	238	유능하다	243	이성2	248	입히다	253
연하다	78	요구	238	유료	88	이왕	248	잇다	93
열기	238	요약	238	유리하다	243	이익	248	잇따르다	253
열리다	78	요인	238	유물	88	이자	88	자격	93
열정적	238	요청	238	유산	243	이하	88	자극	253
열중하다	238	용감하다	238	유적	88	익다	248	자동	93
엿보다	238	용건	238	유지하다	243	익히다1	88	자라나다	253
영리하다	78	용기	83	유창하다	243	익히다2	248	자랑스럽다	253
영상	83	용도	238	유치하다	243	인간성	248	자료	93
영양	83	용돈	83	유쾌하다	243	인격	248	자막	253
영업	238	용서	238	유형	243	인구	88	자본	253
영웅	83	용품	83	유혹	243	인력	248	자부심	253
영원하다	238	우기다	238	은혜	243	인상1	93	자세	253
영원히	83	우려	238	음주	88	인상2	248	자세하다	93
영향	83	우선	83	응급실	88	인생	93	자신	93
영향력	238	우수	83	응원	88	인쇄	93	자신감	253
예감	238	우승	238	의견	88	인식	248	자연스럽다	253
예방	83	우아하다	238	의논	88	인심	93	자연환경	253
예보	83	우연	243	의도	243	인연	248	자원	253
예산	238	우연히	83	의무	243	인원	93	자유롭다	93
예상	83	우울하다	88	의사	243	인재	248	자존심	253
예외	238	우정	88	의식	243	인정	248	작동	253
예의	83	우주	88	의심	248	인하	248	작성	93
예측	83	운명	88	의외	248	일교차	248	작용	253
예컨대	83	운영하다	243	의욕	248	일반	93	작전	253
오염	238	운행	243	의존하다	248	일부러	93	잔뜩	253
오직	238	울리다1	88	의지1	248	일상생활	93	잔소리	253
오해	83	울리다2	88	의지2	248	일생	253	잠그다	93
오히려	238	웃기다	243	이국적	88	일시불	253	잠기다1	93
온	83	워낙	243	이기적	248	일쑤	253	잠기다2	258
온갖	238	원래	88	이끌다	88	일으키다	253	잡아당기다	258
올려놓다	83	원리	243	이내	248	일일이	253	잡아먹다	93
올바르다	83	원만하다	243	이념	248	일자리	93	잡히다	93
옮기다	83	원인	88	이동	88	일정	93	장난	258

단어	쪽수	단어	쪽수	단어	쪽수	단어	쪽수	단어	쪽수
장래	93	점잖다	258	조사	103	지다1	108	찌푸리다	273
장례식	93	점차	98	조상	103	지다2	268	찍히다	273
장마철	93	접근	258	조언	103	지름길	268	찡그리다	273
장면	98	접속	258	조작	263	지불	268	찢다	108
장사	258	접수	98	조절	263	지시	268	차라리	273
장수	98	접어들다	258	조정	263	지식	268	차량	108
장식	98	접촉	258	조화	263	지원1	108	차리다	108
장애	258	접하다	258	존경	103	지원2	268	차마	273
장점	98	젓다	98	존재	263	지위	268	차별	273
재능	258	정	98	존중	263	지저분하다	108	차원	273
재다	98	정기	258	졸리다	103	지적	268	차이	108
재산	258	정답	98	좀처럼	263	지출	268	차츰	273
재우다	258	정말로	98	좁히다	263	지치다	268	착각	273
재주	258	정면	258	종교	103	지켜보다	268	찬성	108
재판	258	정보	98	종일	103	지혜	268	참가하다	108
재활용	98	정상	263	종종	263	진단	268	참고	108
재활용품	258	정성	263	종합	103	진동	268	참석하다	108
저렴하다	98	정신	103	주고받다	103	진로	268	참여	273
저장	258	정신없다	103	주민	103	진리	268	참조하다	273
저절로	258	정의	263	주요	103	진술	268	창작	273
저지르다	258	정지	263	주인공	103	진실	268	창조	273
적성	258	정직	263	주장	263	진심	108	창피하다	108
적어도	98	정착	263	주저앉다	263	진정하다	268	찾아뵙다	273
적용	258	정책	263	주제	103	진지하다	268	채우다	108
적응	98	정치	103	죽이다	103	진찰	108	책임	273
적자	258	정확히	103	줄거리	263	진출	273	챙기다	108
적절하다	258	제거	263	줄곧	263	진통제	108	처리	273
적히다	98	제공	103	줄어들다	268	진학	108	처방	108
전개	258	제대로	103	중고	103	진행	108	처벌	273
전국	98	제도	263	중단	103	질	108	처하다	278
전달	98	제법	263	중독	268	질병	273	철	278
전망	98	제시간	103	중순	103	질서	273	철저히	278
전문	98	제시하다	263	중심지	108	질투	273	첨부	278
전설	98	제안	103	중얼거리다	268	짐작	273	첫눈	108
전시	98	제외하다	263	쥐다	268	집다	108	첫인상	113
전용	98	제자리	263	즉시	108	집단	273	청하다	278
전원1	98	제작	263	증가하다	108	집어넣다	273	체계	278
전원2	98	제출	103	증거	268	집중	108	체력	113
전쟁	98	제품	103	증명	268	짖다	273	체면	278
전통	98	제한	263	증상	108	짙다	273	체온	278
절대로	98	조건	103	지겹다	268	짚다	273	체중	278
절망	258	조르다	263	지금껏	268	짜다	108	체하다	113
절약	98	조리	103	지급	268	쫓겨나다	273	체험	113
절차	258	조명	263	지나치다	108	쫓기다	273	초보	278
점검	258	조미료	103	지능	268	쫓다	273	초조하다	278

찾아보기

단어	쪽수	단어	쪽수	단어	쪽수	단어	쪽수	단어	쪽수
초청	278	토의	283	폭설	288	해결	118	화제	298
촌스럽다	113	통계	283	표면	288	해결책	293	화창하다	298
촬영	113	통과	283	표시	118	해당	293	화폐	123
최고급	113	통역	113	표정	118	해돋이	118	화해	123
최대한	278	통일	113	표준어	10 288	해롭다	293	확대	298
최선	113	통증	283	표지판	118	해방	293	확보	298
최신	278	통통하다	113	표현	118	해석	293	확산	298
최저	113	통하다	113	푸다	288	해설	293	확신	298
최종	278	통행	283	풀리다	118	해소	293	확실하다	298
최초	278	퇴직	283	풀어지다	288	핵심	293	확인	298
추가	278	투자	283	품다	288	햇볕	123	확장	298
추억	113	투표	283	품질	118	행사장	123	환불	123
추위	278	특기	113	풍기다	288	행운	123	환상	298
추진	278	특성	113	풍부하다	288	행하다	293	환상적	123
추천	113	특징	113	풍속	288	향기	293	환율	123
추측	113	틀림없다	283	풍습	118	향상	293	환하다	123
축소하다	278	틀림없이	113	피로	118	향하다	123	활기	298
출국	113	틈	283	피부	118	허가	293	활동	123
출신	278	틈틈이	118	피서	118	허락	123	활발하다	123
출연	278	파괴	283	피하다	118	허용	293	활용	298
출판	278	파다	118	피해	118	험하다	293	활짝	123
충격	278	파도	118	필수	288	헤매다	293	회복	298
충고	278	판단	283	핑계	288	헤아리다	293	횟수	123
충돌	278	판매1	118	하도	288	헤엄치다	293	효과	123
충분히	113	판매2	283	하품	118	현대	123	효과적	298
취재	278	퍼지다	283	학력	288	현상	293	효도	298
취하다	113	편견	283	학문	288	현실	293	효율적	298
취향	113	편식	118	학습	118	현장	293	후반	123
치우다	113	편의	283	한결	288	협력	293	후회	123
침묵	278	편히	283	한계	288	협조	293	후회스럽다	298
커다랗다	278	펼치다	283	한꺼번에	288	형성	293	훈련	298
쾌적하다	278	평가	118	한눈	288	형식	293	훔치다	298
타고나다	283	평균	283	한동안	118	형태	123	휴대	123
타다	283	평등하다	283	한때	118	형편	293	휴식	123
탄생	283	평범하다	283	한순간	288	혜택	293	휴학	123
탈출	283	평상시	283	한숨	118	호감	293	흉내	298
탑승	113	평생	288	한참	118	호기심	293	흔들리다	298
태우다1	113	평화	288	한창	288	호흡	298	흔하다	298
태우다2	283	폐지	288	할부	288	혹은	123	흘러가다	123
택하다	283	포근하다	288	함부로	288	혼나다	293	흘러나오다	298
터뜨리다	113	포기	118	합리적	288	혼내다	298	흥미	298
터지다	283	포함	118	합치다	118	홍보	298	흥분	298
털다	113	폭넓다	288	합하다	293	홍수	298	흩어지다	298
텅	283	폭력	288	항공료	118	화면	123	희생	123
토론	113	폭발	288	항의	293	화재	123	힘껏	298

좋은 책을 만드는 길, 독자님과 함께하겠습니다.

쏙쏙 한국어 어휘왕 TOPIK Ⅱ 중급 단어 사전 문제집

초 판 발 행	2025년 01월 10일 (인쇄 2024년 10월 11일)
발 행 인	박영일
책 임 편 집	이해욱
공 저	김미정 · 변영희
편 집 진 행	구설희 · 김지수
표지디자인	조혜령
편집디자인	홍영란 · 장성복
삽 화	하한우 · 기도연
발 행 처	(주)시대고시기획
출 판 등 록	제10-1521호
주 소	서울시 마포구 큰우물로 75 [도화동 538 성지 B/D] 9F
전 화	1600-3600
팩 스	02-701-8823
홈 페 이 지	www.sdedu.co.kr
I S B N	979-11-383-7200-8 (14710)
	979-11-383-7198-8 (세트)
정 가	18,000원

※ 이 책은 저작권법의 보호를 받는 저작물이므로 동영상 제작 및 무단전재와 배포를 금합니다.
※ 잘못된 책은 구입하신 서점에서 바꾸어 드립니다.